公共安全应急管理指南丛书

应急演练准备指南

YINGJIYANLIANZHUNBEIZHINAN

李雪峰 ㊟编

中国人民大学出版社
· 北京 ·

前 言

应急演练是突发事件应对工作的重要组成部分，已经成为各级应急管理部门、应急救援队伍、基层社区的常规性工作。但是，目前我国应急演练的总体水平仍不够理想，具体表现为：演练模式上，展示型演练多，训练型演练少；演练方式上，随意性成分高，规范性程度低；演练质量上，粗糙的演练多，精致的演练少；演练效果上，走过场的多，认真总结的少。为了给各地切实提升应急演练水平指供必要的工具，本丛书从四个层面介绍科学的演练理念、规范的演练方法、实用的演练工具、可信的演练案例。

这套公共安全应急管理指南丛书共包括四册：

第一册：《应急演练规划指南》；

第二册：《应急演练准备指南》；

第三册：《应急演练实施指南》；

第四册：《应急演练评估指南》。

本书是第二册：《应急演练准备指南》，意在为应急演练做各项准备工作提供操作指导。

应急演练准备包括场景设计、文件开发与综合保障。本书就这些准备工作分六章介绍其内容：

第一章为基础知识，介绍相关概念与原则。

第二、三、四章为基本方法，介绍场景设计、文件开发与综合保障工作的方法和流程。

第五章为工作表单，介绍有关的模板。

第六章为实例展示，介绍有关实例。

作为推荐性指南，这里介绍的方法并不是要给实践者“立法”或居高临下式的“指导”，而是提供一种值得信赖的、可供参考的方法。

目　录

第一章　应急演练准备基础知识

第一节　演练场景设计

应急演练设计的任务是设计应急演练场景，具体说，就是勾画应急演练事件体系和预期行动，表述演练场景信息。

一、应急演练场景的概念与特征

（一）概念

应急演练场景是应急演练所要处置的假设情景。根据演练需要，有的演练场景只有一个初始场景，即假设的风险或突发事件的某一时点上的时空条件和事情；有的演练还要设计一系列动态情景，即假设的风险或突发事件不断发展的情况。

（二）特征

1. 基本特征：真实性与虚拟性

真实性是指应急演练场景要体现真实的风险与突发事件的特征。演练场景在内容上往往要体现出风险与突发事件的危害性、发展变化的不确定性，以及需要马上处理的紧迫性氛围。

虚拟性是指所设计的演练场景并非真实发生过的事件场景，而是根据突发事件风险现状设定的一个虚拟、假定的事件场景。

应急演练场景设计要平衡真实性与虚拟性。具体来说，应急演练场景的思路、来源要真实，一个演练场景元素可能来自某一个或几个发生过的突发事件；但是应急演练场景的整体时空假设和某些细节是全新的，是由设计者创造出来的。

2. 内容指向：目的性与针对性

演练场景设计的依据是风险评估结果和演练目的、目标。一个地方演练的风险和突发事件类型，应该根据当地突发事件的风险评估结果，通常选择当地容易发生的突发事件，以增强演练的实效性、针对性，调动参演者的积极性。演练场景信息内容设计要依据演练目的、目标来展开和进行，在需要演练的环节和能力上设置挑战性的问题与冲突，考验参演者处理复杂问题的能力。

演练的层级不同，场景表达的方式和内容也不同。战略性的演练，主要锻炼参演者依据突发事件的性质和特点制定方针、策略的能力及素质，场景侧重大局和宏观层面，在表达方式上侧重概括、抽象。战术性的演练，主要训练参演者具体的或者专项技能和素质，场景侧重局部和微观层面，在表达方式上侧重细节、具体。

3. 内容取舍：典型性与简洁性

要突出具有挑战性的典型场景。总体上要让参演者体会到适度的紧张和压力。要重点设置反映应急决策的价值观冲突、应急资源供需的尖锐矛盾、不同利益主体冲突等场景。同时，还要尽量考虑场景的实际可操作性，使其尽可能简洁。在尽量符合实际和满足演练需要的前提下，场景中要避免出现无关的人物、道具等。除非演练需要，尽量减少冗余信息。

4. 内容表达：时空伸缩性与逻辑合理性

演练场景可以将时间、地点、人物、危机情节高度浓缩，集中在演练设定的时间范围之内。为了达到预期效果和目的，也可以有针对性地将一个细节展开，放缓节奏，或者有针对性地将一个真实的时段延长。

演练场景的内容要取材于实践，尽量使突发事件的发生、发展过程贴近实际，符合现实情况和逻辑，合理可信。

二、事件体系和预期行动

应急演练场景设计的核心有二：一是设计事件体系，即场景的展开；二是设计预期行动，即根据演练目的、目标要求，希望参演者采取的行动。

（一）事件体系

事件体系的设计要以某一初始事件为起点，针对假想事件的发生、发展过程，设计出一系列有逻辑进程关系的次生、衍生事件，所有次生、衍生事件都围绕着初始场景展开，各事件连接起来成为一个树状事件体系结构。参演者在演练中的一切对策活动与应急行动，主要针对假想事件及其变化而产生。事件体系设计的目的是通过引入这些需要应急组织开展应对行动的事件，引导演练不断深入下去，从而全面检验演练指标的达成和目标的实现情况。

设计事件体系的目的有两个：一是把假想突发事件与期望参演者所采取的行动联系起来；二是统筹安排一系列有逻辑进程关系的次生衍生事件，有助于采取相互关联的应急行动，而不是随意的、毫无目的的行动。

事件体系设计结构示意图如图 1－1 所示。

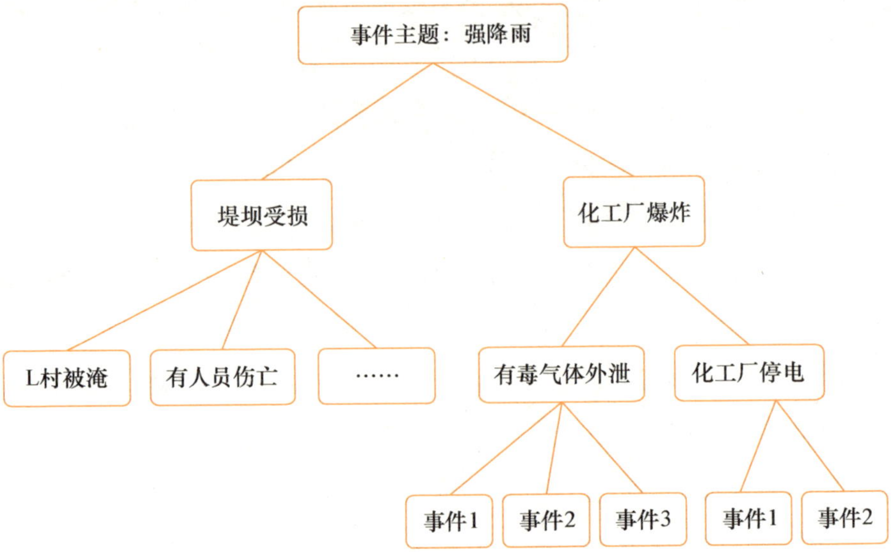

图 1－1　事件体系设计结构示意图

（二）预期行动

预期行动是针对每一个具体事件，根据法规、预案、管理规程等的要求，为了验证参演者的能力，设计参演者处置本事件时应当采取的行动。它是设计者希望由参演者实施的以展示其能力的行动和决定。预期行动形成后就成为演练评估的核心和设置评判标准的依据。

预期行动的类型有以下几种：

（1）求证：收集有关问题的更多信息，与有关人员、部门核实相关信息。

（2）研讨：推敲问题，包括与指挥部成员讨论、分析有关问题；与相关人员进行必要的谈判；向有关法律顾问或者专家咨询问题；参考预案的有关规定。

（3）推迟：延缓行动。

（4）决定：部署行动，或者拒绝支援等。

三、演练场景信息表达

演练场景的核心内容——事件体系和预期行动确定后，就需要以准确的文字表达演练场景信息。这涉及初始场景信息和场景信息清单两个部分。

（一）初始场景信息

初始场景信息是对设定的突发事件时空环境、突发事件本身及发生后的初步情况所进行的叙述性说明，也是参演者最先面对的突发事件情况信息。

初始场景有以下两个重要的功能：

（1）初始场景启动了突发事件的发生，营造了应急演练的氛围。可以说，初始场景吹响了演练的冲锋号，紧紧抓住了参演者的注意力，调动了参演者的积极性，使其将自身精力投入演练。

（2）初始场景是应对处置行动的逻辑起点，为系列情况设置了开端，将进一步引导后续场景信息和参演者的行动。

（二）场景信息清单

场景信息清单由场景信息单元构成。信息单元是预先设计的、供演练组织者使用的、发送给参演者的信息。每条信息内容都是依据某些实际突发事件的内容进行设计的，是由初始场景中叙述的突发事件所衍生出的状况。一条信息可代表一个事件，或者几条信息才能告知参演者一个事件。每条信息都是为了促使参演者开展一个或多个预期行动。

四、关于演练脚本

演练脚本是我国演练实践中常用的一个术语，是演练的详细现场活动描述和参演者台词的预先设定文本。它供演练组织者和参演者共同使用，是展示型演练必不可少的准备内容。演练脚本犹如戏剧艺术中的剧本。

本节的场景信息清单仅供演练组织者，即导调员使用，故与演练脚本有根本区别。鉴于实际工作者对演练脚本大都比较熟悉，本书不再赘述。

第二节　演练文件开发

演练文件是指导演练实施的详细工作文件，是演练实施和评估中的必备工具，分别发给相关人员。演练文件开发主要包括演练方案、工作人员手册、参演者手册、观摩人员手册等。

一、工作人员手册

工作人员手册包括导调员手册、模拟员手册和评估员手册。这些手册的内容往往大同小异，甚至是同一版本，是演练导调员、模拟员和评估员参与演练工作的辅助文本。工作人员手册通常包含全部或部分详细的场景信息，描述导调员、模拟员和评估员的职责分工以及他们应遵循的工作程序。工作人员手册只分发给相应的对象。

工作人员手册的目的是帮助参加演练的导调员、模拟员和评估员有效地引导和评估演练，有助于导调员、模拟员和评估员准确了解他们在演练的实施和评估中要发挥的作用与职责。

二、参演者手册

参演者手册主要供参演者使用，其提供演练概述，介绍演练的目的、目标，为参演者分配任务和职责，不包含详细的场景信息。

参演者手册的功能是帮助参演者了解演练的基本情况，明确在演练中的角色和职责。

三、观摩人员手册

观摩人员手册是供观摩人员或观察员了解演练情况的文件。观摩人员手册的内容通常包括演练基本情况、观摩人员注意事项等。

四、演练实施方案

在实践中，当全部演练场景设计和文件开发工作都完成后，往往还要形成一个全面的演练实施方案，上报有关方面批准。演练实施方案往往是演练计划、场景设计和文件开发成果的浓缩合集。

第三节　演练综合保障

一、演练综合保障的作用

（一）提供基本演练环境与场地

演练需要合适的环境与场地。例如，桌面演练需要适宜的室内环境，需要各种文件、资料等；而实战演练需要既便于操作又有真实感的实际应急处置工作环境。

（二）支撑真实的演练氛围

演练越贴近现实就越容易使参演者认真对待场景，越容易使参演者从体验中学习，达到积累经验、揭示不足和了解需改进之处的目的。演练成功的基础是要尽可能真实地模拟紧急事态，而演练综合保障就是支撑和确保真实性的途径。

演练的方案、场景、氛围，以及参演者可获得的设备和材料越真实，参演者就越能参与到演练中，演练的效果就越好。在材料方面，模拟的文件、音像资料及必要的道具等往往是支撑演练氛围的基本材料。

各种各样的演练手段可有助于实现演练的真实度。桌面演练借助可带到房间内的材料或设施来增加演练的真实度。实战演练中，在真实的场所中运用真实的设备，让模拟人员扮演受害者，可使实战演练更加真实。

（三）节省演练成本

不一定要花费大量的金钱或精力来提高演练的真实度。指挥中心现有的那些常用资源或那些比较容易得到的常用资源就可以满足演练需求。

二、演练综合保障的内容

（一）人员保障

在演练准备过程中，演练组织单位和参与单位应合理安排工作，确保相关人员参与演练活动的时间。

在演练实施过程中，应急演练现场的人员主要有导调员、模拟员、参演者、评估员、观摩人员（含新闻记者）、后勤保障人员等。

（二）经费保障

应急演练主办单位每年要根据应急演练规划安排应急演练经费预算，纳入本单位年度预算，并按照应急演练工作计划和方案科学核算与使用经费。财务部门应对经费使用情况进行监督检查，确保应急演练经费专款专用、节约高效。

（三）场地保障

根据演练方式和内容，经现场勘察后选择合适的演练场地。桌面演练一般可选择会议室或应急指挥中心等；实战演练应选择与实际情况相似的地点，并根据需要设置指挥部、集结点、接待站、供应站、救护站、停车场等。演练场地应有足够的空间，有良好的交通、生活、卫生和安全条件，尽量避免干扰公众生产生活。

（四）物资和器材保障

根据需要，准备必要的演练材料、物资和器材，制作必要的模型设施等。对于桌面演练，可视情况准备用于场景展示的多媒体文件或计算机模拟推演系统等；对于实战演练，可视情况搭建必要的模拟场景及装置设施等。具体包括：

（1）信息材料：主要包括应急预案和演练方案的纸质文本、演示文档、图表、地图、软件等。

（2）物资设备：主要包括各种应急抢险物资、特种装备、办公设备、录音摄像设备、信息显示设备等。

（3）通信器材：主要包括固定电话、移动电话、对讲机、海事电话、传真机、计算机、无线局域网、视频通信器材和其他配套器材，尽可能使用已有的通信器材。

（4）演练情景模型或沙盘：搭建必要的模拟场景及装置设施。

（五）通信保障

应急演练过程中，应急指挥机构、总策划、控制人员、参演者、模拟人员之间要有及时可靠的信息传递渠道。根据演练需要，可以采用多种公用或专用通信系统，必要时可组建演练专用通信与信息网络，确保演练控制信息的快速传递。

第二章　应急演练准备基本方法（上）：场景设计方法

演练设计是具体的演练准备工作的起点。由于演练的目的、目标、难度、时长、规模不同，演练设计的工作量和设计的内容也有所不同。一次简单的研讨式桌面演练可能只需要一页至数页纸的场景描述，而一次持续数日的交互式桌面演练可能需要有数百条演练信息来支撑。本章主要着眼于全面而复杂的演练信息设计方法，读者可以根据需要进行取舍。

演练设计包括事件体系设计和预期行动设计，以及在此基础上的场景信息设计。在实际工作中，这些工作环节往往是交叉的。为便于操作，这里按照初始场景信息设计、事件体系设计、预期行动设计、场景信息清单设计的顺序进行介绍。

第一节　初始场景信息设计

初始场景信息既是参演者进行演练的基础性信息，也是演练设计者进行设计工作的基础性信息。对于分析式桌面演练而言，初始场景信息可能也是唯一的演练信息。

一、初始场景的要素

初始场景的要素包括自然环境、社会环境、突发事件要素、管理要素。其中，某些自然环境和社会环境如果对于参演者而言是无须说明的，或者在演练的专门背景材料里已有叙述，可以不再赘述。但是与突发事件直接相关的要素，在初始场景里仍要具体而详尽地加以陈述。

（一）自然环境

自然环境包括时间、地点、地理条件和气象条件等。

时间：可以套用真实案例的时间，尽量考虑与事件其他要素相吻合。

地点：指突发事件发生地点，可以是真实的，也可以是虚假的，无论是哪一种，都要尽量考虑与事件其他要素相吻合。比如台风发生在沿海地区，泥石流则发生在山区。

地理条件：指不同地域的地形、地势、地质水土等。

气象条件：与气象密切相关的突发事件，在初始场景设计中应详细说明气象条件，尽量使用当时当地真实的气象条件，也可以根据演练需要假设气象条件。

（二）社会环境

社会环境包括人口、人群、经济、交通等因素。

人口因素：主要指人口的数量、规模、年龄、性别、学历、分布等。

人群因素：主要指人群的种类、结构、分布、民族、规模等。

经济因素：主要指地方总产值、产业结构和布局、区域划分等。

交通因素：主要指城市的道路分布、建筑分布、地下管线等。

（三）突发事件要素

突发事件要素包括突发事件类型、突发事件发展状况、突发事件影响范围与危害程度等。

1. 突发事件类型

设计初始场景必须首先确定演练所关注的突发事件类型。要根据当地所面临的风险和脆弱性分析，针对本地希望通过演练所要提升的能力，选择一种最易检验演练单位能力的危险事件。例如，台风对东南沿海威胁大；一个人口密集的社区，遭受化学、生物或放射性物质威胁的危险可能比以农业为主的农村更大。

2. 突发事件发展状况

需要说明突发事件发展变化的速度、强度、深度、规模，为参演者做好后续分析研判提供事实依据。

3. 突发事件影响范围与危害程度情况

影响范围包括：对人的影响，对物的影响，对社会和环境的影响。

（1）对人的影响，包括对人的心理、生理、生命的影响和破坏。

（2）对物的影响，包括对房屋、农作物、动植物、基础设施、特殊物质的影响和毁损情况。

（3）对社会和环境的影响，包括对人们的工作、学习、生活、就医、消费及重大活动、特殊事件、环境、天气等的影响。

危害程度主要描述突发事件带来的破坏与毁损情况，通常要用具体数字加以描述。例如，初始场景信息中可以这样描述：××市发生了6.5级地震，震中位于中心城区，烈度8度。破坏程度：建筑物倒塌10%，人员被掩埋350人，死亡100余人，伤800余人，供电完全中断，通信完全中断，煤气泄漏点10处，危险化学品存储点2处情况不明，通往灾区道路部分被破坏。

（四）管理要素

管理要素主要包括已采取的措施和救援能力。

1. 已采取的措施

突发事件发生后，基层群众和当地政府一般不会完全无所作为，往往会采取一些先期处置措施阻止事态扩大。描述事发地有关方面所采取的先期处置措施是必要的，也是符合实际的。

2. 救援能力

各地救援设备设施配备和队伍、能力不同，突发事件本身也给本地救援设备设施配备和队伍、能力带来一定的影响，使其部分受损或者完全失去救援能力，这些情况是参演者决策的基础条件。例如，初始场景信息中可以这样描述：××市医院受地震破坏，救治能力减少30%，避难场所接纳能力减少50%，应急队伍动员能力减少50%，应急资源保障能力减少40%。

二、设计初始场景的注意事项

（一）提供有限信息

由于在实际工作中，应急管理者不可能在突发事件发生后第一时间掌握所有的信息，所以初始场景提供给参演者的信息可以是有限的、不完全的，但给出的信息一定要准确、逻辑清晰。上述四个因素及其内容的详略程度在具体初始场景设计时可酌情考虑，不一定要全部覆盖。如气象条件和已采取的措施，有些突发事件的发生发展与天气无关，有的还来不及采取措施。跟突发事件无关的要素或者没有先期处置措施的，就不必出现在初始场景里。为了增加应对的挑战性和难度，有些因素（比如救援能力等）也可以先不交代。一般情况下，初始场景文字不宜过多，千字以内为佳。

（二）留有余地

初始场景信息是供参演者初期研判形势的背景信息，要尽可能地给参演者留下想象与发挥的空间和余地。灾情扩大和衍生的信息可以通过后续动态信息逐步传递给参演者。初始场景的设计要避免详细描写，避免把全部的构想都写进去。

（三）埋下伏笔

初始场景是突发事件描述的起始点，通常用简洁的语言为后面情景事件的出现埋下伏笔。对于有预警时间的突发事件，如飓风，初始场景通常按照时间顺序描述事态进展。对于那些无法预警、意想不到的突发事件，如危化品泄漏、恐怖袭击，事件本身的信息可以简短一些，可以更多地描述与突发事件有关的环境细节，如附近的学校、其他化学品存储地、上下班高峰时间临近等情况，以增强紧张和紧急的氛围。

三、示例

下面是一例初始场景信息。

初始场景信息：空难

201×年4月9日11时，一架从巴拿马飞往旧金山的波音747客机遭遇飞行中的引擎故障，将实施紧急迫降。飞机计划在一个大型机场以北200英里（1英里＝1 609.344米）处着陆。然而，驾驶员和领航员的最近一次通话显示飞机的燃料已经耗尽，且下降太快而不能到达预定的大型机场。尽管就近城市的机场太小，无法满足波音747的降落条件，但这是350名乘客和10名机组人员唯一的希望。该机场目前是空闲的，且天气晴朗，有热干风从北面吹来。

该机场主跑道位于一个相对空旷的无人居住区域。但是，飞行员把大型飞机降落在着陆区域（跑道）内的可能性极小，而且飞机跑道入口紧邻郊区居民区。

机场的控制塔向内部消防机构发出预警，并请求当地应急管理机构提供火灾、警察、医疗、福利、搜寻、营救方面的后备援助。

上述初始场景信息有如下特点：

（1）该初始场景里的信息精练。整个初始场景的文字分三段，内容上突出了核心和主干信息，语言简练，没有出现与事件无关的信息和文字。自然环境方面，对时间、地点和气象条件这些基本信息都做了简要说明。社会环境方面，只陈述了与事件密切相关的跑道和郊区居民区的关系，其他如本市人口、人群、经济、区域划分等无关要素一概略去。突发事件要素方面，已经明确空难类型，并突显了紧急氛围，但对其发展和影响情况未做深入介绍。管理要素方面，交代了已经采取的措施：发出预警，请求后备援助，救援能力不明确。

（2）该初始场景留下的想象空间很大。事态发展会恶劣到哪种程度尚缺乏信息和证据，有待进一步验证。其最坏的情况可能是机上人员全部遇难，同时飞机冲进居民区。最好的情况可能是人员无一伤亡。由于各种情况都有可能出现，也给后续的动态信息编写留下了很大的发挥余地。

（3）该初始场景设计为事件的后续发展埋下了伏笔。飞机已经没有燃料，唯一的机会又有很强的挑战性：飞行员将大型飞机降落在着陆区域内的可能性极小，且飞机跑道入口紧邻郊区居民区。通过有意设计，让参演者面临紧急的决策境地。

第二节　事件体系设计

事件体系设计包括以初始突发事件为起点的若干主要事件和一系列详细事件。

一、主要事件设计

从初始突发事件的次生、衍生系列事件中，着重筛选出每一阶段的标志性事件，即主要事件。它们是演练中需要处置的大问题。筛选主要事件的思路有两个：

第一，从演练初始场景衍生出的几个高潮性事件中筛选主要事件。例如从上例空难初始场景衍生的主要事件：

（1）机身破坏分离，撞击地面建筑物。

（2）飞机燃料引发地面房屋发生火灾。

（3）大约 60 名幸存者被确定困于失事飞机的前部。

（4）几名地面围观者受伤。

（5）受害者家属逐渐向事故现场汇聚。

（6）估计乘客死亡人数上升到 200～220 人，至少 70 人严重烧伤。

第二，针对演练目的、目标设置主要事件。演练的目的在于检测、提升特定功能或某些组织特定的能力，如：检测指挥、控制能力；检测消防、警察的出警速度；检测卫生应急服务的部署情况；检测搜寻、救援及医疗救护程序等。主要事件通常应该根据演练目的设置，分析所有事件中哪些事件的处置有助于检验演练目标，就选择该类事件。

二、详细事件设计

详细事件作为主要事件的组成部分，是事件树的枝叶，是参演者要应对的具体情形。每一个详细事件，都给一个或者多个参演者提出了应对任务，需要他们采取一定的行动。详细事件的多少与详略要根据演练的要求和容量来定。当总体任务很少时，就没有必要区分主要事件和详细事件。确定详细事件的方式有以下两种：

（1）列出伴随主要事件可能出现的详尽的问题清单，再把这些问题转换为详细事件。

（2）先确定一个期望参演者执行的行动（预期行动），然后列出一系列激发这些行动且与主要事件相关的问题，再把这些问题转换为详细事件。

无论采取何种方式，结果都是形成了与预期行动密切相关的一系列详细事件清单。

例如，前述空难事件的主要事件之一：估计乘客死亡人数上升到200～220人，至少70人严重烧伤。

这一主要事件可以分解为以下详细事件：

（1）太平间没有能力接受来自此次空难事件的大量遗体。

（2）当地医院缺少专门的设施和医务人员来处理大量的严重烧伤病人。

（3）红十字会决定成立家庭信息中心来联系受害者家人。

三、实战演练的特殊安排

在实战演练中，有些事件需要模拟呈现而不是口头描述。比如：在地震灾害应急演练的场景信息中，会以文字的形式来描述一些事件，但也会通过倒塌的木头、建筑物周围杂乱的砖块、压在横梁下的人体模型、参演者扮演的伤员和受惊吓的群众及其他道具等来模拟呈现一些事件细节。

需要注意的是，即便是直接呈现的模拟场景，也不是随机构造的。每一事件都需要事先精心设计，写出书面的事件体系和事件场景信息清单。

第三节 预期行动设计

一、预期行动设计的依据

判定参演者在应急演练中的行动是否合理，主要应参考有关法律法规、应急预案、标准化操作程序等的规定。

二、预期行动的设计

预期行动的设计是紧随着事件体系的设计而进行的。细致的预期行动设计既包括对各个主要事件的预期行动设计，也包括对每个详细事件的预期行动设计。

（一）针对主要事件的预期行动

针对主要事件的预期行动往往是参演者的一系列活动。例如：

空难的主要事件之一：受损飞机即将着陆。

预期行动：

机场控制塔：通知警察、消防人员、医护人员到达机场，提醒医院将有大量潜在的伤亡事故发生。

调度中心：使警察、消防人员、医护人员保持待命状态。

医院：通知其他的医疗机构。

消防站：启动事故指挥系统，通知相关部门。

（二）针对详细事件的预期行动

针对详细事件的预期行动往往是对于个别参演者的一个具体行动。例如：

空难的一个详细事件：当地医院缺少专门的医疗机构和医务人员来处理大量的严重烧伤者。

预期行动：向上级或邻近地区请求支援专门的医疗机构和医务人员。

三、预期行动与演练目标

预期行动与演练目标紧密相连。演练目标作为一个整体，规定了参演者总体预期行动。预期行动是演练目标的分解，是指参演者个人或组织所要采取的实现演练目标的行动。一般来说，每个主要事件和详细事件都会引起参演者的一个或多个指向实现演练目标的预期行动。例如，前述针对受损飞机即将着陆的事件（主要事件），演练目标和预期行动可以列在一张表中（见表 2－1）。

表 2－1

事件	受损飞机即将着陆
目标	通报即将发生坠机事件后，根据标准操作程序，应急响应机制在 3 分钟内启动。
预期行动	机场控制塔：通知警察、消防人员、医护人员到达机场，提醒医院将有大量潜在的伤亡事故发生。 调度中心：使警察、消防人员、医护人员保持待命状态。 医院：通知其他的医疗机构。 消防站：启动事故指挥系统，通知相关部门。

第四节　场景信息清单设计

场景信息清单是事件体系内容的具体化，是演练的全部场景信息的集合，由信息单元构成。场景信息清单可以展现为一个包括初始场景信息和后续场景信息在内的表单。

一、基本场景信息的设计

场景信息是演练事件（通常是详细事件）的展开。一个事件通常需要一条或多条场景信息来表达。例如，针对空难的一个详细事件：当地医院缺少专门的设施和医务人员来处理大量的严重烧伤者，可以设计以下场景信息：

——医院给指挥部打来电话：我们急需 10 名烧伤科专家和更先进的仪器设备；

——伤者家属给政府服务热线打电话：为什么医院救治速度这么慢？政府为什么不作为？

——有大批烧伤者家属聚集在医院门前向记者控诉政府救治不力。

对于复杂的演练而言，除演练前要准备足够的场景信息内容外，在演练进行中还要根据实际演练的情况随时补充必要的随机性场景信息。另外，根据情况，可以设置通信故障问题，以检测备用通信系统。根据参演者的能力，也可以适当设计一些具有干扰性的场景信息。各类信息内容的数量和比例可根据演练时间和参演者的水平而定。

在设计信息内容时，需注意以下几点：

（1）信息内容要符合事件发展的规律和逻辑。场景信息要根据事件体系进行设计，同时要考虑其真实性。具体内容应当参考初始场景和以往发生的类似事件，并与专家就相关专业问题进行沟通。

（2）可以从事件的预期行动开始设计，思考什么信息会激发这样的行动，谁来发送，谁来接收，信息应该说什么，信息如何发送。

（3）在设计过程中可以预演一下所设计信息的效果，通过预演对演练信息进行修改、完善。

实战演练的信息有两种：可视信息和文本信息。虽然设置好的场景中包含了许多需要参演者做出响应的视觉信息，但也有必要用一些文本信息来使实战演练开展下去。

二、场景信息单元的构成

每一个信息单元一般应包括信息编号、时间、发布者、接收者、发布方式、信息类型、信息内容、预期行动、备注等要素。

（一）信息编号

通常，最简单的做法就是按时间顺序直接用阿拉伯数字依次标注。如果信息按类排列，也可以采取类号加类内序号的方式。例如：1-1 是第 1 类信息（如代表综合类信息）的第 1 条；2-5 是第 2 类信息（如代表救援类信息）的第 5 条；等等。

（二）时间

这里的时间表示应急演练的某一信息的起始时间，与下一信息的间隔时间即为处置该事件需要耗费的时间。因此，时间栏也可以标注开始时间和结束时间。

（三）发布者

信息由模拟角色的扮演者发布。通常，演练中的模拟角色有上级组织、相邻地区的组织、同级组织、公众、媒体、突发事件受害人、特殊人群等。

（四）接收者

接收者可能是突发事件应急指挥部，也可能是功能组（如综合协调组、新闻媒体组、处置救援组、基础设施组等），还可能是某个人（如指挥长、某局长等）。

（五）发布方式

传送到指挥部的导调信息单可使用统一的表格由人工递送，也可以借助电话、对讲机、视频、传真机等递送。

（六）信息类型

从内容来看，发送给指挥部的信息一般有两种类型：

（1）描述性信息，即描述基本背景或基础场景的信息，如灾情情况、某种化学品的危害等级等。这些信息对于决策起间接的支持作用。有些信息是为了营造当前行动的环境，不需要参演者采取行动，因此在场景信息清单中也不需要标注预期行动。

描述性信息示例：根据气象部门预报：预计 8 月 4 日至 6 日鸭绿江上游流域将有暴雨（降水量 50～100 毫米），鸭绿江中下游流域将有大暴雨（降水量 100～150 毫米），局部特大暴雨（降水量 150～250 毫米）。

（2）行动性信息，即要求指挥部成员必须做出决策、采取行动的信息，包括灾情（或事件）发展情况的描述、救援现场信息、上级指挥部指令、险情报告信息等。这些信息直接要求或暗示参演者必须尽快做出反应。

行动性信息示例：水岸小区 11 号楼有 60 多人被困在楼顶上，请指挥部尽快派人前来解救。

（七）信息内容

信息内容即鲜活的具体场景信息，这是场景信息单元的核心。

（八）预期行动

预期行动一般以主要事件或详细事件为单位进行表述，即几条信息共享一条预期行动；也可以每一条信息有单独的预期行动。

当每条信息都有具体的预期行动时，其预期行动往往是详细事件预期行动的进一步分解。

（九）备注

在备注栏里可对演练顺利进行所需的支持条件加以说明，也可以就某些情况做特殊说明或提醒，比如某些器材的准备、使用。

三、场景信息清单

场景信息清单是信息单元的集合。一系列信息单元所构成的场景信息清单能够形成可信的、前后连贯的动态事件场景。场景信息清单设计的注意事项有以下两个方面。

（一）把握总体时间

一场应急演练可以是半天，也可以是数天。每个阶段、每件事情、每条信息和每个问题所占用的时间可能需要具体到分钟来加以限定，否则很难掌控整体时间。场景信息如果不是为了迷惑参演者，其文字最好简练、易懂，细节交代要清楚，逻辑上没有错误，这样才能便于按照预定时间去演练，使参演者不把时间和精力过多浪费在对场景信息意义和内涵的理解与辨别上。

（二）描述具体

对于每个信息收发双方的角色、时间、发送方式的描述都应当详细、清楚明了，确保整个演练中每条场景信息所涉及的任务能够连贯地贯彻下去。任何一个细节的疏漏都可能导致演练中断。

场景信息清单模板参见表 2－2。

表 2－2　场景信息清单模板

信息编号	时间	事件名称	发布者	接收者	发布方式	信息类型	信息内容	预期行动	备注
1									
2									
3									

当然，在实际应急演练时，可以根据情况对场景信息进行必要的删减、增加或者调整，也可以为了使演练脉络更清晰、对各功能组的调控更方便，为各功能组设计场景信息清单子表。

有了场景信息清单后，下一步还要根据需要将场景信息清单开发或者转换为一系列文件，如舆情通报文件、值班室电话记录、领导批示文件等。这里不再赘述。

第三章　应急演练准备基本方法（中）：文件开发方法

第一节　工作人员手册开发

一、工作人员手册开发的任务

工作人员手册以方便导调员、模拟员和评估员的工作为目的。不同的演练，对于手册的要求不同，演练组织者可以根据需要进行开发。

对于简单的演练，其催化师或导调员的凭据可能只是一页纸的注意事项或工作流程；而且，由于不设模拟员和评估员，也就没有后两者的工作手册。而对于复杂的演练，可能就需要有厚厚的手册供参考使用。

根据需要，导调员、模拟员和评估员的手册可以合并，也可以分为三个单独的手册，手册的分与合视演练的具体情况而定。例如，小型演练的手册可以合并，大型演练的手册则分开为宜。

下面介绍的内容主要是以满足一次复杂演练的要求为准的全面的工作人员手册开发方法。针对具体的、不同的演练，使用者可以进行取舍。

二、工作人员手册的结构

导调员、模拟员和评估员手册包含的内容既有共同的部分，也有各手册专有的部分。

（一）导调员、模拟员和评估员手册共同的部分

（1）手册的目的和作用；

（2）演练范围概述；

（3）演练的目的、目标；

（4）导调员/模拟员/评估员的角色；

（5）导调员/模拟员/评估员职责和工作流程；

（6）演练的初始场景、各种外围条件的假定；

（7）相关参演者的职责分工；

（8）相关预案或标准化操作程序；

（9）演练前对导调员/模拟员/评估员的指导与培训工作的安排；

（10）演练后热反馈、总结会和评估报告等后续工作的安排。

（二）导调员手册中专有的部分

（1）导调员与参演者的沟通方式；

（2）演练场景信息清单。

（三）模拟员手册中专有的部分

模拟员与参演者的沟通方式。

（四）评估员手册中专有的部分

评估的注意事项等（参见第四册《应急演练评估指南》）。

三、开发工作人员手册的流程

工作人员手册的开发大体遵从如下步骤：

步骤一：起草手册。使用手册模板，制作手册草案，省时省力且可避免漏项。

步骤二：确定要点。在演练计划会上，演练计划小组通过集体讨论确定手册的关键细节。

步骤三：修订完善。随着后续准备工作中逐步敲定细节和后勤事项，及时修改和更新手册。

步骤四：批准手册。由演练领导小组或演练组织者批准手册的定稿。

步骤五：完成准备，打印手册。手册可以装订成册，也可以采用活页形式。

第二节　参演者手册开发

一、参演者手册开发的任务

参演者手册以引导参演者更好地参加演练为目的。不同的演练，对于手册的要求不同，演练组织者可以根据需要进行开发。

对于简单的演练，参演者可能只有一页纸的注意事项、工作流程，或者一份相关的应急预案；而对于复杂的演练，可能就需要有厚厚的手册供参考使用。

下面介绍的内容主要是以满足一次复杂演练的要求为准的全面的参演者手册开发内容与方法。针对具体的、不同的演练，使用者可以进行取舍。

二、参演者手册的内容框架

（一）应急演练概要

（1）手册的目的和作用；

（2）演练范围概述；

（3）演练的目的、目标；

（4）演练的初始假定条件（可能是初始场景的一部分）；

（5）演练的框架内容与演练流程；

（6）演练要求。

（二）参演者角色与行为规范

（1）演练参加人员；

（2）参演者分组或角色；

（3）参演者行为规范。

（三）联络方式

（1）参演者之间的联络方式；

（2）参演者与场外角色（模拟员）的联络方式；

（3）参演者与导调员的联络方式。

（四）座次分布图

（1）演练室布置图；

（2）导调室布置图。

（五）附件

（1）相关职能部门的职责分工；

（2）相关预案或标准化操作程序。

三、开发参演者手册的流程

参演者手册的开发与工作人员手册的开发步骤基本一致。

步骤一：起草手册。使用手册模板，制作手册草案。

步骤二：确定要点。在演练计划会上，演练计划小组通过集体讨论确定手册的关键细节。

步骤三：征求意见。为了使手册更符合实际需要且能够使参演者读懂，可选择个别有代表性的参演者征求其对手册初稿的意见，并根据其合理意见对手册的内容进行修改。由于参演者的文化程度与背景水平可能与设计者有很大差异，故征求其意见非常有必要。

步骤四：修订完善。随着后续准备工作中逐步敲定细节和后勤事项，及时修改和更新手册。这一步骤可以与上一步骤交叉进行。

步骤五：批准手册。由演练领导小组或演练组织者批准手册的定稿。

步骤六：完成准备，打印手册。手册可以装订成册，也可以是活页。

第三节　观摩人员手册开发

一、观摩人员手册开发的任务

观摩人员手册是帮助观摩人员理解演练内容结构、特点，以及自身行为规范的文字依据。有些简单的演练，可以只对观摩人员口头介绍有关情况；而一些复杂的演练，则要有一个单独成册的观摩人员手册或演练介绍手册。

有时，演练组织方为了使观摩人员对演练组织者或参演者有更多的了解，或者有更好的印象，在观摩人员手册中也会加上演练组织者或参演者背景信息的介绍内容。

二、观摩人员手册的内容框架

观摩人员手册的具体内容可参照工作人员手册的内容确定，通常较工作人员手册更简略。其主要内容包括：

（1）手册的目的和作用；

（2）演练范围概述；

（3）演练的目的、目标；

（4）演练的初始场景、各种外围条件的假定；

（5）相关参演者的职责分工；

（6）演练场景信息清单；

（7）相关预案或标准化操作程序；

（8）对观摩人员行为的建议或观摩注意事项；

（9）观摩人员与服务人员的联系办法。

三、开发观摩人员手册的流程

开发观摩人员手册的流程可以参照上面两种手册的开发步骤。

第四章　应急演练准备基本方法（下）：综合保障方法

第一节　信息表达手段与演练工具准备

应急演练以突发事件信息的发展变化来引领，信息表达手段和演练工具是演练准备的重要内容。

一、信息表达手段与演练工具的类型

（一）信息表达手段

为了使应急演练最大限度贴近现实，增强应急演练效果，需要采用一些增强演练真实感的信息表达手段。这些手段主要分为电子类、纸质类和实物类三种。

电子类：视频信息、场景信息的三维模拟展示等。

纸质类：地图、设施平面图和现状告示板、组织机构图、日志等。

实物类：沙盘、模型等。

（二）演练工具

演练工具是参演者的工作凭据和手段，主要包括操作类工具和通信类工具两类。

操作类工具：纸笔、信息展板等。

通信类工具：电话、传真机、通信网络等。

二、电子类信息的准备

运用信息技术辅助手段表达演练信息是应急管理实践数字化的必然趋势。通过各种音视频信息导出或更新演练场景内容，增强模拟场景的真实感是越来越常用的手段。例如，可以将突发事件最新动态通过视频或电视节目等进行呈现；也可以对灾情报告进行录音，在模拟的电台频道上播出。

运用信息技术辅助手段传达演练信息既要舍得花钱，着眼于先进性，采用各种仿真模拟手段增进演练效果；更要注重节约，不断探索尝试成本不高、简便适用的方法。信息技术的应用要避免华而不实和赶时髦，信息内容的开发是根本。

三、纸质类信息的准备

纸质类信息作为静态的信息展示手段便于查看、标绘，是重要的演练信息载体。其主要包括地图和信息图表。

（一）地图

地图可提供演练场景的空间环境细节信息。所有类型突发事件应急处置的演练都可以使用地图。即使在桌面演练中，地图也可用来提供有用的信息，帮助参演者对虚拟事件的地点、方位有清晰的了解。

地图可以供个人使用或展示在墙上供集体使用。在演练中，地图可用来定位所发生事件的地点、确定资源的分布、标绘处置的进展等。用于标记地点的地图要附有塑料膜，以使地图可多次利用。

演练用地图的种类和数量取决于演练的类型和复杂程度。表 4－1 列出了一些可能有用的地图。

表 4－1　地图种类

- 行政区划图
- 地形图（含等高线）
- 城市街道地图
- 住宅小区地图
- 基础设施地图（输电线/光纤通信/天然气管道）
- 经济设施图（比如工厂布局、铁路调车场）
- 警察和消防资源分布地图
- 天气状况图
- 洪水淹没区地图

可通过多种途径获得各种地图，比如上网搜集，或者向测绘部门、气象部门和有关企业索要或购买。

（二）信息图表

信息图表能使参演者快速了解可用的资源和人员。

信息图表主要包括救援资源设施图示。例如：

医院：现有床位、血液、其他供应品的需求及人员。

其他护理资源：比如红十字会或社会服务机构所使用的可用空间、食物、水、床上用品及医药等。

警察资源：正式、后备及辅助人员的数量与场所。

消防资源：消防部门的部署与可用性；消防互助的形式与状态。

信息图表还包括各种相关的组织结构图、组织职责展示图等基础图表。

四、实物类信息的准备

桌面演练对实物类信息的需求不大，常见的实物类信息有城市沙盘模型、突发事件现场局部模型等。

在实战演练中，真实感是通过在真实的环境中使用道具来实现的，因此用道具来增加真实度就非常有必要。比如，一场模拟某酒店火灾救援的演练可使用：模拟的无毒烟雾；被烧毁的建筑材料或建筑废墟；受控的火堆（供消防部门扑灭）；受害者的人体模型（展示遇难者必须使用模型）。

五、操作类工具的准备

操作类工具是演练中使用的作业工具，应尽可能与实际处置突发事件时所使用的工具相一致。当然，也可以使用那些有用的但还没有被真正推广使用的工具。下面是一些可以选用的工具。

（一）工作日志

参演指挥部和各参演职能小组均应撰写工作日志。通常应按照时间顺序在一份日志中记下由导调员及指挥部发出的各项重要信息、决策、措施和安排。此外，指挥部和各参演小组还应该为每一份重要的信函和附注都制作一份副本作为日志的附件，并且还应将重要的事件向日志撰写人进行口头通报。所有准备工作的书面记录也是日志的组成部分。

（二）信息展示板

信息展示板用来展示所要处理的事件信息、处置进展信息、动态资源信息等。展示板上的信息应使指挥部所有人都能看到，便于形成对灾情和处置进展的共同认识。

对问题的记录可分为：报告时间、报告人、损失与损害程度等。

对处置情况的记录可分为：问题序号、问题主题、任务分派、响应情况、备注。

对资源信息的记录可分为：资源序号、资源类型、资源储备及变动情况、资源使用与消耗情况等。

（三）其他工具表单

其他工具表单包括演练中使用的电话信息记录单、演练后使用的参演者反馈表等。

(四)可供使用的设备与物品

各种可供使用的设备与物品包括：计算机与投影仪、复印机、播音设备、各种笔、电话表或联系人名单、桌签与名签等。

六、通信类工具的准备

各种类型的电子通信设备可用于传达演练信息。在复杂的、仿真度高的演练中，要尽量像在真实的紧急事态中那样用电话、无线电、电视等来传递信息。常用的通信类工具包括：

（1）国家预警信息系统；

（2）应急指挥平台；

（3）移动式指挥平台；

（4）应急广播系统；

（5）业余无线电应急服务设施；

（6）应急指挥车；

（7）热线专用电话；

（8）固定电话；

（9）手机；

（10）传真机。

例如，在第二章中所展示的空难场景的接续信息可能是这样的：来自客机的无线电信息向机场控制塔发出其液压系统不能正常运转的报告；飞行员的最后一条消息表明他在努力进行软着陆；但是飞机断裂了，向住宅区撞去，一平方公里内到处都是飞机残骸与尸体，烟尘滚滚；通往现场仅有的道路交通阻塞。针对该场景，可以准备的信息表达手段有：城市地图，机场图，坠毁区图，受影响的住宅区图，展示可用资源（类型、数量）的资源状态板，突发事件指挥系统组织结构表，损失评估表，模拟所有用于组织间通信的通信设备，提前录制的飞行员向控制塔发送的信号录音，提前录制的灭火、烟雾的录像，提前录制的飞机坠毁现场噪声的录音（如报警器报警声、着火声）。

第二节　桌面演练的现场准备

一、场地准备

桌面演练的场地应满足演练范围和出席人数的需求，如果没有专门的演练室，会议室和宴会厅也是理想的场所。演练室原则上要求远离娱乐喧哗场所。桌面演练按照演练场景的要求布置场地，设有导调组的演练有三种场地形式可供选择。

（一）实施过程在一个会议室进行

会议室的大小，可根据参演者人数来决定。一般 20 人需要会议室的面积为 50～60 平方米。演练会议室的桌椅按 U 字形摆放，功能组在指挥部的侧面，导调组在指挥部的后面，如图 4－1 所示。

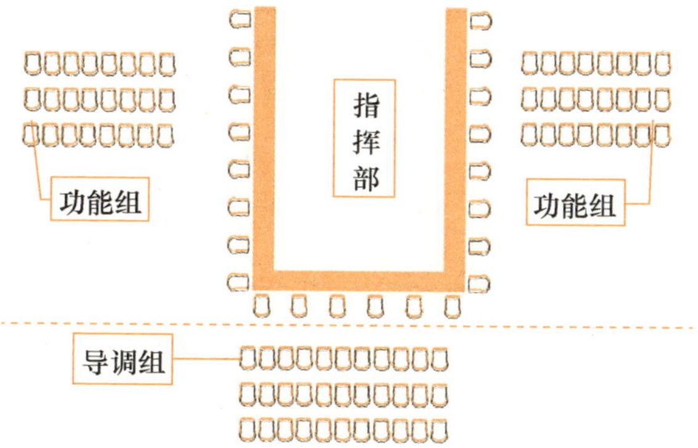

图 4－1　演练会议室布局

采用这种场地形式，一是导调组可以近距离观察桌面演练的过程，随时调整场景信息的内容和传递速度；二是导调组可以全面掌控演练的全过程。

（二）实施过程分别在两个会议室进行

一个会议室作为桌面演练场地，在该会议室旁边另设置一个会议室作为桌面演练控制中心的场地（即导调室）。导调组通过摄像头和音频信息传递设备等，实时观察桌面演练过程并根据演练进程提供动态信息。采用这种场地形式的好处：一是具有真实感；二是不受外界干扰。

桌面演练用两个会议室分别作为导调室和演练室的情况，如图4-2所示。

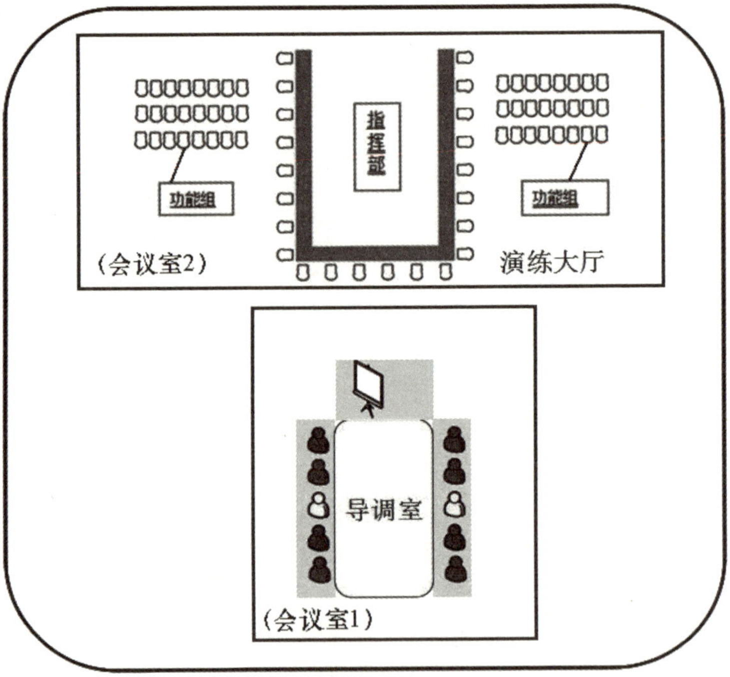

图4-2　导调室和演练室布局图

（三）实施过程在多个会议室进行

采用联合指挥部方式进行的桌面演练可能需要利用多个会议室同时进行演练，演练会议室桌椅一般呈U字形摆放。各分指挥部导调组在指挥部成员的后侧或侧面就座。联合指挥部桌面演练对于不同演练场所的交互联系沟通要求比较高，往往要求不同场所之间保持联络顺畅，必要时要求相互可视，如图 4－3 所示。

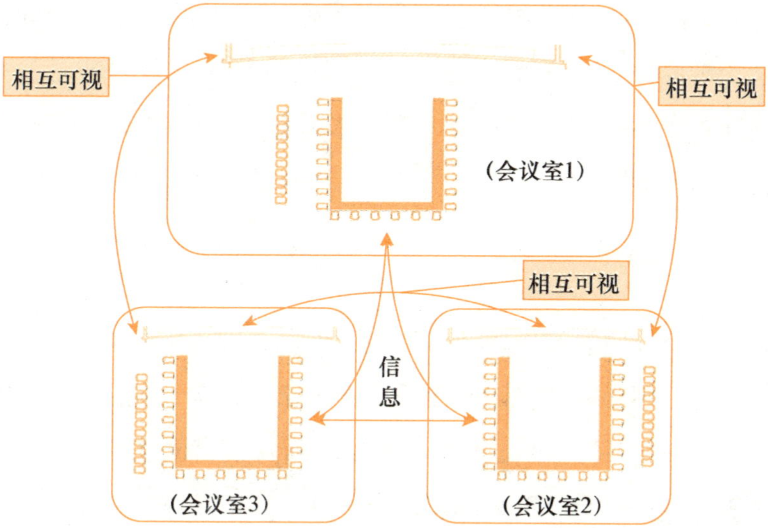

图 4－3 多个演练室的布局（一）

有的桌面演练设置了新闻发布环节，因此实施过程可能会有主演练会议室、导调室和新闻发布室三个场所，这同样要求三个场所之间保持联络顺畅，必要时要求相互可视，如图 4－4 所示。

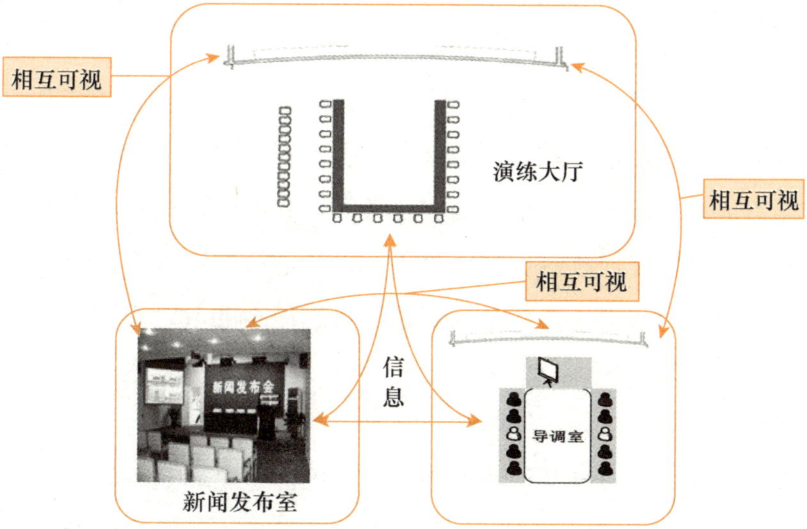

图 4－4 多个演练室的布局（二）

无论哪种演练场所，均要求为所有相关人员准备足够的桌椅，并根据不同类型的特点进行布置。例如，需要参演者面对面讨论问题的演练，桌子排成U形最有利于互动。桌子的安排也应尽可能方便参演者与演练现场导调员交流。每个U形座次的人数限制在12～15人，避免过度拥挤和声音嘈杂。

二、物资和器材保障

为顺利开展应急演练，演练组织者需要在现场提前准备好各项演练指导资料和演练必需物品，并提前一天确认会议室情况。各种资料和物品需在演练前1～2天准备完毕，并在演练开始前放置到位，以确保演练过程中有资料可查、有物品可用。

如果演练会议室设备设施较多，在正式演练前，至少提前一天对设备设施进行试运行，确保演练时能够正常使用。

（一）纸质信息资料

桌面演练要提前准备的纸质信息资料主要包括工作人员手册、参演者手册和观摩人员手册。

（二）电子信息资料

基于推演系统的桌面演练，在演练时可能会基于推演系统展开，因此在演练前需要对推演系统进行测试，并将相关资料录入到演练系统，包括场景信息、地图、电子文档、视频等，并将信息按时间节点及分组进行排列，以便于演练时按演练流程及设计进行推送。而其他桌面演练则需要提前将相关电子资料录入到用于投影展示的电脑系统中。

（三）物资及设备

1. 视听条件要求

多媒体演示可以增强演练的真实性，因而是桌面演练的一个重要条件。应提前准备好视听设备，并指定具体人员负责，以确保设备正常运转。视听设备包括但不限于：投影屏幕、录像机、投影仪、电脑、喇叭、话筒（领夹式、手持式或讲台式）、摄像头等。

2. 地图及文具用品

应在演练前采购地图、笔记本、黑板架、白板、翻页板、白纸、笔等，具体数量根据演练需求而定。

为了便于反复演练，演练组织者可以定制演练标配工具箱，如图 4－5 所示。

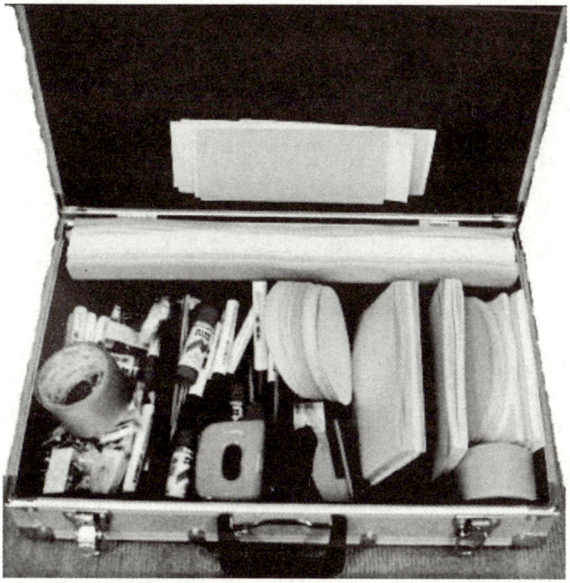

图 4－5　桌面演练标配工具箱

3. 桌签、座位牌、桌面标识牌

桌签、座位牌要清晰地标示每个参演者，演练开始前将其放置在桌子上。桌签或座位牌打印时要注意美观和易辨识。此外，根据演练要求应给不同小组分别设置一个桌面标识牌，标示该小组所代表的职能。

一些大的桌面标识牌在采用竖向打印时，尽量不要选用白底黑字，可选用红色或其他颜色的纸张打印。

4. 徽章或标示

桌面演练时，为了增强现场感或为了安全，有的演练可能会要求参演者佩戴徽章或一定形式的标示物，如彩带、帽子、马夹等。演练前，应将这些徽章或标示物分发到参演者手中，并告知这些徽章或标示物所代表的意义。

5. 水或茶点

对于持续时间比较长的演练，需要准备必要的水或茶点。

（四）通信设备

主要包括固定电话、移动电话、对讲机、海事电话、传真机、计算机、无线局域网、视频通信器材和其他配套器材等。应尽可能使用已有通信器材。应急演练过程中，应急指挥机构及相关人员之间要有及时可靠的信息传递渠道。根据演练需要，可以采用多种公用或专用通信系统，必要时可组建演练专用通信与信息网络，确保演练控制信息的快速传递。

如果桌面演练模拟程度比较高，通信设备是非常必要的。不过，在大部分桌面演练中，通常提倡电子设备和书面信息共同使用，目的是避免过度使用和依赖电话。在演练中大量使用通信设备可能会出现如下问题：

（1）使参演者过度关注沟通问题，偏离演练目标。

（2）演练室嘈杂吵闹，不利于控制演练秩序。

基于上述原因，一些应急演练组织者会舍弃演练中大量使用通信设备。在模拟演练中，使用电子通信设备应该根据展示和处置情景事件的需要有选择地安排。

若电话为桌面演练的主要通信方式，则可能会使用已有的电话。有时，为了保障必要的通信联系，需要安装专用线路。

为保障通信，应注意以下几点：

（1）在参演者手册中准备一个现场布置图，布置图除标明各组所在位置外，还需要注明不同人员的电话号码，便于演练人员沟通。标注要清晰、简洁。

（2）参演者手册中应该说明通信程序，场景信息清单中应该标明信息条发送对象。

（3）如果没有电话，可以采用其他形式，如：面对面沟通或传递纸条。

第三节　实战演练的现场准备

实战演练是对后勤保障的一次巨大挑战。由于在准备过程中很容易漏掉细节，因此，实地考察有助于组织者进行清晰、有创新性的演练准备。演练组织者亲自去现场查看，可发现潜在的问题以及可巧妙利用的资源，做出更现实的现场设计。实战演练的现场准备要考虑以下因素。

一、参加人员

实战演练的参加人员涉及多种角色，必须对其人数和所处的位置做出详细规划与落实。

导调员：导调组的人员数量要足够多，要足以管理所有演练地点。

模拟员：主要用以模拟受害人员，包括不同年龄段、性别、体态、身体状况等特征的人。

参演者：要涵盖主要应急功能、所有管理层面人员，包括决策、综合协调、专业管理、现场处置等方面的人员。

评估员：评估组人员要足够。

安全官：负责演练现场的安全。

媒体代表：前来采访演练的媒体人。

观摩人员：如领导、社区群众等。

二、地点选择

因为演练需要动用人员和物资，所以在选择演练地点时要考虑空间的充分性和现实性。

空间充分性的评判标准如下：

（1）是否能容纳模拟受灾者、应急响应人员和演练观察人员。

（2）有没有停放响应人员和观摩人员车辆的空间。

现实性的评判标准如下：

（1）场景是否在不影响正常交通和安全的情况下尽可能真实。例如：在模拟高速路上一辆翻车的油罐车时，不能长时间地占用高速路，以免妨碍交通，最好找一个相似的地方来模拟事故。若是模拟飞机失事，要找一个备用机场而不是真正运营中的机场。

（2）要模拟突发事件的真实响应地点。实战演练的演练区域可能包括一个或多个模拟的突发事件地点，以及应急指挥中心。对这些区域做明确标识很重要，既可确保参演者的安全，又可有效避免与现实世界的行动混淆。

三、文档、物资和设备

分析演练场景信息有助于确定所需文档、物资和设备的种类、数量并预估成本。在进行物资准备时，要特别注意以下几点：

（1）需要动用什么样的设备。

（2）每一种设备需要多少。

（3）车辆和设备需要多少燃料。

（4）需要什么样的用具和物资，如何获得。

演练物资和设备的部署要合理。在现实中处置突发事件要用到什么资源，就尽可能使用什么资源。

演练组织者经常遇到的一个问题，就是如何在预算较少的情况下获得尽可能多的材料与设备来增加演练的真实度。这方面可考虑向其他机构借用或获得捐赠。许多机构都会很热心并乐于借出一些设备，比如医院、中小学校和大学、商业与工业企业、公共交通公司、消防部门、公安部门、搜救组织、业余无线电俱乐部、红十字会及各类志愿者组织等。

四、财务准备

在获取资源时，计算成本（初始成本与潜在的后续成本）及可能的补偿总额是很重要的。

演练涉及的财务支出主要有以下几方面：

（1）车辆、设备燃料费。

（2）用具和物资采购、租用或使用费。

（3）需要支付的保险费、加班费。

（4）潜在的损坏与更换费用。

采用动员有关机构友情赞助的方式可以最大限度地减少财务支出。

五、现场管理

现场管理涉及一系列问题，具体包括以下三方面。

（一）空间管理

空间管理要解决演练空间如何布局这一问题。包括：

（1）各类人员要安置在什么地方？

（2）各类物品、设施如何摆放？

（3）如果动用了移动指挥车，要停在哪里？

（二）现场部署

要布置一个逼真的演练现场，就要重点关注如下问题：

（1）怎样模拟紧急事态？比如，如果模拟火灾，用什么去模拟烟雾？怎样去模拟泄漏的化学品、破碎的玻璃或洪水灾害？

（2）谁来扮演受灾者？为了更真实，要选择不同年龄、不同体型和不同身体素质的人来扮演受灾者。

（3）怎样确保扮演受灾者的人员扮演好自己的角色？

现场部署要努力做到有创意。如果电话系统瘫痪是演练的一部分，就把电话摆放在应急指挥中心，但是不接通。若期望停电，就运行备用发电机。这些部署会使演练更加真实。

（三）对物品的管理

需要专人负责安排资源，做好后勤保障。对物品的管理需要解决以下问题：

（1）在哪里安放道具？

（2）谁来负责道具？

（3）怎样接、运道具？

（4）对于借来的材料和设备，要制定怎样的归还政策？

（5）归还的设备必须达到什么条件？

（6）谁来清洗干净？

（7）正常的磨损是否需要赔偿或补偿？

六、安全保障

在实战演练中，所有的运作必须绝对安全。在演练准备及演练过程中都必须注意安全，要记录下安全问题并逐一加以解决。

演练组织单位要高度重视演练组织与实施全过程的安全保障工作。大型或高风险演练活动要按规定制定专门应急预案，采取预防措施，并对关键部位和环节可能出现的突发事件进行针对性演练。根据需要为演练人员配备个体防护装备，购买商业保险。对可能影响公众生活、易于引起公众误解和恐慌的应急演练，应提前向社会发布公告，告示演练内容、时间、地点和组织单位，并做好应对方案，避免造成负面影响。

演练现场要有必要的安保措施，必要时对演练现场进行封闭或管制，保证演练安全进行。演练出现意外情况时，演练总指挥与其他领导小组成员会商后可提前终止演练。安保后勤人员要加强应急演练现场管控，防止无关人员进入，保证现场安全。若演练涉密或有不宜公开的内容，则需要制定严格的保密措施，防止因工作不当出现失泄密事件。

要指派一名安全官，其主要职责就是从安全角度掌控整场演练。

表 4－2 所列为一些安全措施建议。

表 4－2　　安全措施建议清单

- 把安全考虑列入演练设计中；
- 把检验演练安全的职责分给每个演练导调组成员；
- 识别所有的安全隐患并逐一加以解决；
- 把安全须知作为演练前情况简介的一部分加以宣读；
- 将安全要素列入模拟员和评估员的文件包中；
- 演练前要检查每一演练地点，确保已排除安全隐患；
- 确保在出现安全问题时安全官有权中止某一行动，甚至是整场演练；
- 准备真正的突发事件发生时的中止程序。

七、演练中止

在演练中，尤其是在较长时间的演练中，可能会发生真正的突发事件。

在某些情况下，比如应急处置的人手不够或演练妨碍真正的应急处置，需要中止演练来处理真正的突发事件。每一场演练都应该有一个预先计划好的中止程序，从而能够使人员、设备迅速回到正常岗位。中止程序要包括一句约定的提示语。导调员和安全官可用这个提示语来指示以下情况：

（1）演练已经中止。

（2）所有人员应该到他们的常规职责岗位报到。

（3）所有的通信设施将恢复正常使用。

在演练之前，中止程序应当通过检测以确认可行。

八、善用媒体

无论情愿与否，任何重要的实战演练都会引起媒体的注意。演练设计得越好，越会受到媒体的正面报道，因此要把媒体参与列入演练计划与准备中。媒体不仅有助于演练赢得支持，其存在还可提高演练的真实性，比如可以让媒体记者扮演他们自己。

九、准备应对突发事件

要考虑到由于参与演练，可能会大大减弱参与单位应对真实突发事件的能力。为此要注意以下几点：

（1）要确保留有足够的人员和物资在真实的紧急事件发生时能够履行其职责。

（2）考虑动用后备人员替班或者是寻求其他辖区或组织的帮助。

（3）考虑动用志愿者作为替班人员参与可能的突发事件应对。

（4）必要时，中止演练。

十、法律责任

法律责任方面的问题，包括演练期间的纠纷、矛盾等，都要由律师或法律顾问协助处理。

第五章　应急演练准备工作表单

第一节　应急演练设计工具

一、应急演练设计草案

（一）演练初始场景

（在这里插入演练初始场景）

（二）演练事件体系

（在这里插入演练事件体系）

（三）演练预期行动

序号	事件名称	预期行动

续前表

序号	事件名称	预期行动

（四）演练信息（文字）

序号	时间	发信者	收信者	发信方式	演练信息

二、演练设计模板

（一）初始场景设计模板

[标题]（情况通报/情况汇报/电话记录/初始场景）
[自然环境]（时间、地点、地理和气象条件）
[社会环境]（人口、人群、经济、交通）
[突发事件要素]（突发事件类型、突发事件发展状况、突发事件影响范围与危害程度情况）
[管理要素]（已采取的措施、救援能力）

（二）情景事件清单模板

事件编号	时间	事件名称	发布者	发布对象	发布方法	信息类型	信息内容	预期行动	备注
1									
2									
3									
4									
5									
6									
7									
8									
9									
10									

三、演练场景设计参考：停电的后果

1. 交通基础设施
公路
公路指挥系统瘫痪
城市和道路照明瘫痪
交通混乱与拥堵
行车人员被困，受冻
困惑的司机，缺乏对救援车辆警报的注意
铁路
火车停滞
旅客滞留
铁路运营瘫痪
信号设备瘫痪
航空业
机场运营受备用发电机限制
旅客滞留
机场关闭
副作用
救援工作因基础设施受损进展缓慢
2. 其他基础设施
电网
发电厂、变压器和输电线受损
通信
因急救电话通信网超负荷，一段时间后公民的急救电话无法接通
通信网中断
移动运营商中继站瘫痪
电视、广播和网络中断
大部分新闻报道取消

未备份数据丢失和电子数据处理机器受损
电子安全系统瘫痪，无法提供数据保护
电池可以支持数码无线电 3 个小时，之后必须使用应急供电
告知民众变得困难
最晚 8 小时后固定电话中断，2 小时后移动网络瘫痪
建筑基础设施
烟道、消防水泵和自动洒水装置瘫痪
无法从输油管道抽油
因电压造成远程供暖/供水管道爆裂
库存燃料无法运输
因加油站油泵瘫痪造成燃料短缺
排水瘫痪（抽水泵→溢水）和高层住房的供水瘫痪
自来水厂瘫痪（24 小时应急供电缓冲）
污水处理设备瘫痪
电梯停运
天然气供应瘫痪
工业设备和高层建筑的应急照明瘫痪
警报器警报系统瘫痪（暂时应急供电缓冲）
停车场瘫痪
自动门设备瘫痪
自动关闭的防火门
其他
公共服务瘫痪
垃圾收集受限
无法清除垃圾，同时产生大量新垃圾（冷冻食品融化和腐烂等）
电子汇兑和国际证券交易停止
公立学校、图书馆和机关关闭
控制中心需要应急供电（灾情图、危机管理、信息管理系统、警报）
灯、暖气和空调无法使用
住宅区使用蜡烛增多导致火灾数量增多

食品加工企业瘫痪
因空调停止导致计算机设备过热
发电厂再启动之后因同时用电导致瘫痪
3. 人、动物、环境
人
部分人员死亡，一些人员受伤，很多人受灾
火车站、机场、高速路上人员滞留
可能有大量“失踪”人员
活动地点的大量人员无法离开
民众的恐惧和不安全感
囤积购买，特别是基本食品
高层建筑的人员疏散
宾馆（含部分外宾）人员疏散
动物
动物园中有些动物死亡
因为挤奶无法正常进行导致牛奶厂内大量奶牛死亡
因为热/冷/食物造成养殖场大量动物死亡
喂饲料设备瘫痪
电子家畜篱笆失灵
环境
因工业事故造成土壤/河流的污染
4. 产业
化工业的失控反应
工作人员和机器停顿时间
再次投入生产需要时间＝高生产损失
设备调节装置瘫痪
5. 组织
分配
燃料供应不明确
现金的分配

食物和水的分配
安排供给处
请求
请求邻县和非县属市的支援
请求提供灾情报告
请求大型工业企业提供应急供电
6. 日常生活
消费品
自动取款机瘫痪
报警设备瘫痪，需要更多的安保人员
可能会出现入室盗窃和抢劫
超市关闭：收款台、暖气、冷冻设备、灯、自动感应门无法工作
日常所需产品遇到瓶颈（实时物流→空的仓库）
食品的冷藏和冷冻保存已不可能
其他
民众失去对政府的信任
示威游行
针对个人备用供电的犯罪行为
关闭公共场所
看守供给设施
救援人员、医生以及其他不确定（长期）人员的住宿
供电之后民众的不满情绪
7. 卫生服务
保健后援
瘟疫爆发的危险
组织预防接种
为研究可疑传染病设立的专业实验室运转受限
很难或根本联系不到医生，急诊瘫痪
只有大型机构内的医疗器械能够运转，家庭医生的医疗器械无法使用，使得基本门诊的诊断、高温消毒以及治疗无法进行

让尽可能多的病人提前出院变得困难，因为他们家中没有灯/暖气/电话/电/水，需要回到医院
换气系统瘫痪
制冷系统和高温消毒失灵
电梯停运，无法运输病人
医疗高温消毒仪器的高耗能系统不能或有限运转，后果：无法进行手术
专业领域的高耗能仪器瘫痪或受限，对仪器要求高的特别看护室可能无法使用
洗衣房因没有电停业
洗衣机停工：病人/养老院/护理中心的供给受到影响
护理中心/医院内部报警电话系统瘫痪
透析中心瘫痪
血库运营受限，急救所需的浓缩红细胞和浓缩血小板供应瘫痪
实验室样本无法运输
空中救援和空中运输无法进行
救助组织资源受限，换班可能有限
私人使用的医疗器械（如氧气机）无法工作

第二节　应急演练开发模板

一、导调员手册模板

×××应急演练导调员手册

（手册不广泛分发）

×××（演练组织单位）

×××（日期）

演练总策划：

×××（姓名）

×××（工作单位）

×××（职务）

×××（固定电话）

×××（移动电话）

×××（电子邮件）

演练总指挥（总导调）：

×××（姓名）

×××（工作单位）

×××（职务）

×××（固定电话）

×××（移动电话）

×××（电子邮件）

导调员手册是演练规划的辅助，手册包含细致的场景信息、导调员职责及工作流程等信息，提供了成功进行演练所需的指导材料。

需要指出的是，导调员还须熟悉“演练计划”中的信息。

（一）演练概述

（在这里插入演练概述）

（二）演练目标

演练的目标如下：

目标 1（在这里插入演练目标）

目标 2（在这里插入演练目标）

…………

（三）导调员的角色

导调员将引导演练的进行，确保尽可能有效地对演练进行协调和管理。导调员将被分派到各个功能领域以及其他必要的地点。

（四）相关职责和工作流程

1. 演练总指挥（总导调）职责

对演练的总体控制是演练总指挥（总导调）的责任。其职责具体包括以下方面：

（1）组织制订演练控制文件，如演练计划、导调员/模拟员/评估员手册、参演者指南、主要场景信息表、演练讯息等。

（2）组织建立和管理模拟中心，包括演练模拟员的选择、分配和培训等。

（3）参与选择和管理演练评估员。

2. 导调员职责和工作流程

导调员是演练导调组的中坚力量，其基本职责是在总导调的统一指挥协调下，具体指导各模拟员向参演者传递信息，并组织模拟员回应参演者信息。其工作目标是使整个演练过程成为一个有机衔接的整体，实现演练目的。主要任务有：

（1）提供演练的设施、设备和人员。

（2）根据需要，协助演练前的布置和演练后的活动。

（3）监测演练的进展，与演练组织者一起确保演练过程尽可能平稳，使演练目标得以实现。

（4）采取适当行动确保演练流程能够实现演练目标，决定是否批准现场临时发出、不在演练预案之内的指令和活动。

（5）审核导调员/模拟员/评估员手册和其他相关演练文件（如演练计划、通讯录等）。

（6）监测和记录所有演练活动并注明时间。

（7）监测演练中的事件，协调演练中控制问题的解决。

（8）将临时出现的指令及其出现的时间告知演练总导调。

导调员文件主要包括必备的导调员/评估员手册信息、主情景事件表、地图和指南等。注意：要把所有的资料放在一个文件包、文件夹或笔记本里。

导调员的工作流程如下：

步骤1：明确规则。向模拟员介绍模拟员行为规则，指导模拟员向参演者发出/接收模拟信息。

步骤2：熟悉信息。给模拟员分别发放导调信息，引导模拟员准确理解该信息的内容和意图，提示模拟员可以根据自己的正确理解修改该信息。必要时，给模拟员一定的修改时间和指导。

步骤3：批准发信。批准模拟员拟发出的信息。

步骤4：控制回复。模拟员接收信息后，及时掌握所接收的内容，共同研究回复内容，达成共识后请模拟员回复。

步骤5：控制随机信息。如有必要，引导模拟员临场编写新的信息，经共同商讨达成共识后发出。

总体上，导调员要注意控制信息发出的节奏和整体过程。

另外，需要注意的是，导调员应确保与参演者沟通时不打断演练的进行，确保回答参演者的问题时不指导或引导他们采取特定行动。

（五）演练的起始状态及各种假定和限制

1. 起始状态

所有人员都从他们在应急指挥中心或演练现场各自的位置开始演练。演练开始前，将由演练导调员向参加人员介绍演练的场景和演练规则。

2. 各种假定和限制

演练中，参演者将根据现有的计划、程序和惯例采取行动。

演练针对的是一个具有现实性的场景，但对其中某些方面可能加以理想化或强化，以便实现演练的目标。

演练将模拟真实的时间进程，但某些事件可能要求时间上有所跳跃或加快，以便实现演练目标。

（六）相关职能部门的职责分工

（在这里插入相关职能部门的职责分工）

（七）相关预案或标准化操作

（在这里插入相关预案或标准化操作）

（八）与参演者的沟通方法

演练开始前，对有关方面的通信是否畅通进行检查，以确保信息能够顺畅流动。主要的沟通方式有电话、传真、无线电对讲机、手写文件、当面交谈和电子邮件。

（列出联系方式）

（九）演练场景信息

1. 基本信息

（描述演练场景的基本情况）

2. 主要事件

（列出主要事件）

3. 场景信息清单

（列出详细的场景信息清单）

场景信息清单是最主要的演练控制文件，它按时间顺序排列演练的指令/讯息和预计采取的行动。场景信息清单上的每一条都说明什么时候哪个人对什么人做出什么指令，预计采取什么行动。场景信息清单将帮助导调员跟踪演练进程，达到演练目标。

（十）对导调员的指导和培训

演练前一天或演练开始前对导调员进行指导和培训。每个导调员都需要参加这个培训。

（十一）演练后讨论会和评估报告

演练结束后，导调员将参加热反馈会（“趁热打铁”式的事后讨论）、导调员/模拟员/评估员讨论会并参与评估报告起草。

二、模拟员手册模板

×××应急演练模拟员手册

（手册不广泛分发）

×××（演练组织单位）

×××（日期）

演练总策划：

×××（姓名）

×××（工作单位）

×××（职务）

×××（固定电话）

×××（移动电话）

×××（电子邮件）

演练总指挥（总导调）：

×××（姓名）

×××（工作单位）

×××（职务）

×××（固定电话）

×××（移动电话）

×××（电子邮件）

模拟员手册是演练规划的辅助，手册包含演练目标、模拟员职责及工作流程等信息，提供了成功进行演练所需的指导材料。

（一）演练概述

（在这里插入演练概述）

（二）演练目标

演练的目标如下：

目标 1（在这里插入演练目标）

目标 2（在这里插入演练目标）

…………

（三）模拟员的角色

模拟员模拟参演者以外的角色，在导调员的指导下与参演者互动，确保尽可能有效地对演练进行协调和管理。

需要注意的是，要区分两类不同模拟员的细微不同。导调室的模拟员模拟参演者以外的角色，与导调员共同推动演练进行；而实战演练的现场模拟员则是在演练实施中扮演或模拟特定角色的演练参加人员，他们通常是被招募来扮演受害者或其他旁观者的志愿者。本手册所指模拟员是前者。

（四）相关职责和工作流程

模拟员的职责主要是模拟参演者以外的角色，与参演者互动。其主要任务是：传达预先编好脚本的信息和随机信息；告知导调员有关演练活动偏离预期的情况。

一场演练所需的模拟员的具体数量，根据演练人员的数量、演练时间的长短、模拟员所掌握的知识和接受培训的情况、可利用的通信渠道等情况而有所变化。为了取得最佳演练效果，最好每个相关机构都至少有一名模拟员。为了简化演练、减少所需模拟员的数量，依据功能给模拟员编组是一个好办法。

模拟员的工作流程如下：

步骤 1：明确规则。明确模拟员的行为规则：听从导调员安排，在导调员同意的情况下发出模拟信息；接收参演者反馈的信息时，要填写回复内容；接收参演者新信息时，要先做记录，然后报告导调员，经商量达成一致意见后，再做回复。

步骤 2：熟悉信息。准确理解导调员所提供的导调信息的内容和意图，必要时可以根据自己的正确理解修改该导调信息。如需帮助或有不明白的事项，可向导调员求助。

步骤 3：发送导调信息。经导调员批准后，向参演者发送导调信息。

步骤 4：控制回复。接收参演者信息后，及时掌握接收内容，与导调员共同研究回复内容，达成共识后向参演者回复信息。

步骤 5：控制随机信息。如有必要，临场编写新的信息，经与导调员共同商讨达成共识后发出。

（五）演练的起始状态及各种假定和限制

1. 起始状态

所有人员都从他们在应急指挥中心或演练现场各自的位置开始演练。演练开始前，由演练组织者向参加人员介绍演练的场景和演练规则。

2. 各种假定和限制

演练中，参演者根据现有的计划、程序和做法行事。

模拟员模拟不参加演练的机构和个人的行动。

演练针对的是一个具有现实性的场景，但对其中某些方面可能加以理想化或强化，以便实现演练的目标。

演练将实时进行，但某些事件可能要求时间上有所跳跃或加快，以便实现演练目标。

（六）相关职能部门的职责分工

（在这里插入相关职能部门的职责分工）

（七）相关预案或标准化操作

（在这里插入相关预案或标准化操作）

（八）与参演者的沟通方式

演练开始前，对有关方面的通信是否畅通进行检查，以确保信息能够顺畅流动。主要的沟通方式有电话、传真、无线电对讲机、手写文件、当面交谈和电子邮件。

（列出联系方式）

（九）对模拟员的指导和培训

演练前一天或演练开始前对模拟员进行指导和培训。每个模拟员都需要参加这个培训。

（十）演练后讨论会和评估报告

演练结束后，模拟员将参加热反馈会（“趁热打铁”式的事后讨论）、导调员/模拟员/评估员讨论会并参与评估报告起草。

三、评估员手册模板

×××应急演练评估员手册

（手册不广泛分发）

×××（演练组织单位）

×××（日期）

演练总策划：

×××（姓名）

×××（工作单位）

×××（职务）

×××（固定电话）

×××（移动电话）

×××（电子邮件）

演练总指挥（总导调）：

×××（姓名）

×××（工作单位）

×××（职务）

×××（固定电话）

×××（移动电话）

×××（电子邮件）

评估员手册是演练规划的辅助，手册包含演练目标、评估员职责及工作流程等信息，提供了有效评估演练所需的指导和评估材料。

需要注意的是，评估员还须熟悉“演练计划”中的相关信息。

（一）演练概述

（在这里插入演练概述）

（二）演练目标

演练的目标如下：

目标 1（在这里插入演练目标）

目标 2（在这里插入演练目标）

…………

（三）评估员的角色

演练的评估员将评估演练参加人员的表现。评估员将使用评估表格来帮助他们找出演练中的优缺点以及如何针对有关目标做出改进。

（四）相关职责和工作流程

评估员的职责主要是观察演练进展，记录和报告观察到的情况。其主要任务有：

（1）观察和记录参演者的行动；

（2）保持不妨碍、不介入；

（3）评估目标的实现情况；

（4）识别问题并通知导调员；

（5）记录观察到的情况；

（6）准备书面评估报告。

在演练前，评估员需完成以下几项工作：

（1）参与演练计划及导调员/模拟员/评估员手册等相关文件的审核；

（2）审核演练评估表格和与自己的职责相关的其他材料；

（3）参加演练前的指导和培训。

评估员文件主要包括必备的评估员手册信息、地图和指南、适当的演练评估指南等。注意：要把所有的资料放在一个文件包或文件夹里。

评估员应保留准确的记录和笔记，这是至关重要的，因为这些记录和笔记将成为演练评估的基础。演练评估的价值在于它能对演练给出建设性（正面的或负面的）反馈，以改善有关机构应急反应的有效性。每个评估员准确细致的记录对于形成演练中所有事件的完整记录、了解演练人员的行动是十分关键的。

另外，在演练期间，如有参演者向评估员提出问题或要求做出某种澄清，评估员应将这些问题转给导调员。评估员不应与参演者进行可导致干预或影响参演者表现的接触。

（五）演练的起始状态及各种假定和限制

1. 起始状态

所有人员都从他们在应急指挥中心或演练现场各自的位置开始演练。演练开始前，由演练组织者向参加人员介绍演练的场景和演练规则。

2. 各种假定和限制

演练中，参演者将根据现有的计划、程序和做法行事。

演练针对的是一个具有现实性的场景，但对其中某些方面可能加以理想化或强化，以便实现演练的目标。

演练将实时进行，但某些事件可能要求时间上有所跳跃或加快，以便实现演练目标。

（六）相关职能部门的职责分工

（在这里插入相关职能部门的职责分工）

（七）相关预案或标准化操作

（在这里插入相关预案或标准化操作）

（八）评估的几个重点方面

1. 评估的基本要点

评估员可使用下列技巧进行有效评估：

（1）使用演练评估表格来确认演练目标是否得到实现；

（2）对观察到的重要行动，包括行动时间，进行详细记录；

（3）如果某一领域指派了不止一名评估员，那么在不同人员之间进行分工，以确保参演者的活动得到详细记录和评估；

（4）靠近参演者中的决策者；

（5）将重点放在关键活动上。

2. 记录重要事件

尽管很多事件可能同时发生，但评估员不需要记录所有行动。评估员要知道哪些事件是重要的，这样就可以剔除那些无关紧要的信息，提供对整个演练评估最重要的信息。

评估员至少应当记录以下各项重要事件：

（1）初始场景的有关事件；

（2）参演者对初始场景采取的行动；

（3）做出的关键决定及做决定的时间；

（4）偏离原定计划的做法及实施步骤；

（5）缓解紧急情况的行动结束的时间。

3. 观察位置和监测过程

评估员应当位于可以良好观察参演者行动、能听到其谈话但不妨碍其行动的位置。有些情况下，可能需要在某一地点或区域布置多个评估员。

4. 观察什么

负责准备评估报告的人员将会分析各个评估员提供的评估结果，来全面评价演练所反映出的应急反应能力。他们的分析将重点关注为缓解紧急事态所采取的措施、关键事件的时间、做出的各种决定以及采取的各种行动。

为帮助评估报告准备人员做好这些分析，评估员应当关注以下问题：

（1）采取行动缓解紧急事态的时效性；

（2）监测和评价模拟场景的主要事件；

（3）参演者是否创造性地解决了问题，超出了现有的计划和实施步骤；

（4）是否有计划或程序影响参演者的表现。

（九）对评估员的指导和培训

演练前一天或演练开始前应对评估员进行指导和培训。每个评估员都需要参加这个培训。

（十）演练后讨论会和评估报告

演练结束后，评估员将参加热反馈会（“趁热打铁”式的事后讨论）、导调员/模拟员/评估员讨论会并参与评估报告起草。

四、参演者手册模板

×××应急演练参演者手册

（手册不广泛分发）

×××（演练组织单位）

×××（日期）

演练总策划：

×××（姓名）

×××（工作单位）

×××（职务）

×××（固定电话）

×××（移动电话）

×××（电子邮件）

演练总指挥（总导调）：

×××（姓名）

×××（工作单位）

×××（职务）

×××（固定电话）

×××（移动电话）

×××（电子邮件）

参演者手册提供演练概述，介绍演练的目的、目标，为参演者分配任务和职责，不包含详细的场景信息，主要供参演者和观摩人员使用。

参演者手册的功能是帮助参演者在演练中对模拟的紧急情况做出响应，履行他们的职责。

参演者模拟的是应急指挥中心的决策者、协调者和行动者。参演者应如同面对真实紧急情况一样对信息做出响应。具体来说，其任务主要包括：信息接收和索取、形势研判、集体决策、指挥与协调、沟通与宣传等。

（一）应急演练概要

1. 演练的假定、制约、限制及起始状态

（1）假定。

对演练面对的情形所做的各种假定是演练的基础，因此假定是在演练之前已经发生的。假定如下：

1）演练将在一个“无人犯错”的宽松环境里进行，它评估整个系统和程序的表现，而不是针对个人。

2）演练模拟的情景将尽量真实可信，有充分的细节，以便做出反应。

3）演练人员将对呈现给他们的信息和情况做出反应，就好像这些情况是真实发生的一样。

（2）模拟情景的制约。

模拟情景存在一些制约：

1）演练的通信和协调只限于参加演练的有关职能部门和模拟中心。

2）演练期间参演者只能使用列在通讯录上的通信方式。

（3）限制。

1）演练中，参演者要根据现有的计划、程序和做法行事。

2）演练针对的是一个具有现实性的场景，但对其中某些方面可能加以理想化或强化，以便实现演练的目标。

3）演练将实时进行，但某些事件可能要求时间上有所跳跃或加快，以便实现演练目标。

（4）起始状态。

所有人员都从他们在应急指挥中心或演练现场各自的位置开始演

练。演练开始前，由演练组织者向参加人员介绍演练的场景和演练规则。

2. 演练的目标

目标 1（在这里插入演练目标）

目标 2（在这里插入演练目标）

…………

3. 演练内容

（在这里插入演练内容）

4. 演练流程

（在这里插入演练流程）

5. 演练要求

（1）沉浸角色，各司其职。

（2）积极参与，深入思考。

（3）团队合作，严肃活泼。

6. 演练方式

（1）分设参演组、导调组（模拟组）进行演练。

（2）参演组和导调组（模拟组）之间利用各种信息载体，基于动态信息开展互动。

（3）指挥部各成员单位通过信息传递、组内讨论、组间协调、集体会商等活动进行演练。

（二）参演者行为规范及分组

1. 演练参加人员及其基本职责

（在这里插入演练参加人员及其基本职责）

2. 参演者分组及各组职责

（在这里插入参演者分组及各组职责）

3. 参演者行为规范

（1）演练前。

1）阅读和熟悉相应的应急预案、演练程序和演练支持文件。

2）在演练开始前，至少提前 15 分钟到达预定地点，穿戴相应的识别标志。

3）阅读参演者手册。

（2）演练中。

1）仿佛紧急情况是真实的一样，对演练事件和信息做出响应。

2）导调员和模拟员只会给你提供演练要求他们传达的信息。我们期待你通过现有的应急信息渠道，获取其他必要的信息。

3）不要在演练进行期间，与导调员、模拟员、评估员、观察员或媒体人士进行私人谈话。

4）如果你有疑问，请询问导调员。

5）演练场景的部分环节可能让你感觉不可信。你要认识到演练要满足一些目标，可能要求包含不贴近现实的方面。演练组织者已经做了所有的努力，在现实感和安全、创造有效的学习环境之间达到平衡。

6）在与场外模拟员沟通时，说明你希望和哪个机构、机关、办公室人员讲话。

7）对自己的活动做记录。

（3）演练后。

1）演练结束时，与导调员、模拟员和评估员一起参加热反馈。

2）填写参演者反馈表。这张表使你能对演练响应活动和演练的有效性坦率地发表意见。请把填完的表格交给导调员或评估员。

3）把演练形成的笔记、材料交给导调员或评估员。

（三）联络方式

1. 参演者联络方式

（列出参演者联络方式）

2. 模拟员联络方式

（列出模拟员联络方式）

3. 导调员联络方式

（列出导调员联络方式）

（四）座次分布图

1. 演练室布置图

（列出演练室布置图）

2. 导调室布置图

（列出导调室布置图）

（五）附件

1. 相关职能部门的职责分工

（在这里列出相关职能部门的职责分工）

2. 相关预案或标准化操作

（在这里列出相关预案或标准化操作）

3. 相关背景资料

（在这里列出相关背景资料）

第三节　应急演练综合准备工具

一、工作日志

演练工作日志

工作日志页码：					
序号	接收时间	回复时间	事件描述	措施	附件

二、信息记录单

信息记录单

组别	
编号	

发件人：

收件人：

收件时间：　　　　　　　　回复时间：

主题：

信息	
回复	

记录人员：

三、参演者反馈表

参演者反馈表

感谢您参与本次演练。您的观察和评价将为我们反思本次演练提供非常有价值的视角。我们将对您的个人信息保密，请放心作答。

第一部分　基本信息

姓名：________________________________

单位：____

职务：____

当前工作职位的年限：______________________________

以前参加演练的次数：□ 0 次 □ 1～5 次 □ 5～10 次 □ 15 次以上

演练的角色：□ 参演者　　□ 导调员　　□ 观察员

□ 评估员　　□ 模拟员

第二部分　演练设计评价

评价因子	非常不同意→非常同意				
演练之前的导入，为我在演练中的角色提供了必需的信息	1	2	3	4	5
演练场景是真实的	1	2	3	4	5
参演者很活跃地参与了本次演练	1	2	3	4	5
演练与我现有经验水平的匹配是恰当的	1	2	3	4	5
演练提升了我的认识，并使我熟悉了其他参演机构的资源和能力	1	2	3	4	5
演练为我提供了处置关键任务领域事件并做出有价值处置决定的机会	1	2	3	4	5
通过本次演练，我在应对类似风险方面的能力有所提高	1	2	3	4	5

第三部分　参演者反馈

1. 在本次演练的计划、组织与实施、设备、培训、演练等各个环节中，我观察到了以下优点：

优点 1：

优点 2：

…………

2. 在本次演练的计划、组织与实施、设备、培训、演练等各个环节中，我观察到在以下领域还存在需要改进和提升之处：

改进和提升之处 1：

改进和提升之处 2：

…………

3. 请您提出宝贵的建议，以使以后的演练做得更好。

建议 1：

建议 2：

…………

四、演练综合保障清单

（一）电子类信息的准备

导出或更新演练场景内容的音视频信息。

（二）纸质类信息的准备

1. 地图

（1）行政区划图。

（2）地形图（含等高线）。

（3）城市街道地图。

（4）住宅小区地图。

（5）基础设施地图（输电线/光纤通信/天然气管道）。

（6）经济设施图（比如工厂布局、铁路调车场）。

（7）警察和消防资源分布地图。

（8）天气状况图。

（9）洪水淹没区地图。

2. 信息图表

（1）医院：现有床位、血液、其他供应品的需求及人员。

（2）其他护理资源：比如红十字会或社会服务机构所使用的可用空间、食物、水、床上用品及医药等。

（3）警察资源：正式、后备及辅助人员的数量与场所。

（4）消防资源：消防部门的部署与可用性；消防互助的形式与状态。

信息图表还包括各种相关的组织结构图、组织职责展示图等基础图表。

（三）实物类信息的准备

桌面演练：城市沙盘模型、突发事件现场局部模型等。

实战演练：烟雾、建筑废墟、火堆、受害者的人体模型等。

（四）操作类工具的准备

（1）工作日志。

（2）信息展示板。

（3）其他工具表单。

1）电话信息记录单。

2）参演者反馈表。

（4）可供使用的设备与物品。

1）计算机与投影仪。

2）复印机。

3）播音设备。

4）钢笔、铅笔和记号笔。

5）电话表或联系人名单。

6）桌签与名签。

（五）通信类工具的准备

（1）应急指挥平台。

（2）传真机。

（3）热线专用电话。

（4）手机。

（5）移动式指挥平台。

（6）固定电话。

（7）业余无线电应急服务设施。

（8）应急广播系统。

（9）国家预警信息系统。

（10）应急指挥车。

五、实战演练综合保障清单

实战演练综合保障清单：特别注意事项

参加者

☐ 导调员，数量足以管理所有演练地点

☐ 模拟员（模拟受害人员），不同年龄段、体态、身体状况

☐ 参演者，涉及主要应急功能、所有管理层面人员，包括决策、综合协调、专业管理、现场处置

☐ 评估员

☐ 安全官

☐ 媒体和观摩人员

地点选择

☐ 能为受害者、响应人员和观摩人员提供充足的空间

☐ 能为车辆和设备提供所需空间

☐ 在不干扰正常交通的情况下尽可能真实

☐ 为可信的场景和地点

人员、物资与费用

☐ 参加者人数

☐ 建立场景及扮演受害者的志愿者人数

☐ 设备的类型与数量

☐ 通信设备

☐ 车辆与设备所需的燃料

☐ 材料与供给

☐ 可识别的费用，如工资、加班费、燃料费、材料费、供给费等

现场管理

☐ 后勤管理（何人、何时、何地、如何）

☐ 突发事件的可信模拟

☐ 真实的受害者扮演

☐ 模拟员为真实演绎角色所做的准备

☐ 与当地状况相符地模拟受到伤害者的状况

☐ 模拟伤害、损害及其他后果的道具和用具

安全

☐ 整个演练设计过程中要注意的安全事项

☐ 导调组的每一成员都要承担的安全责任

☐ 识别并加以解决的风险

- ☐ 在演练前简介中、模拟员和评估员信息包中的安全注意事项
- ☐ 每一场地要检查的安全问题
- ☐ 委任的有一定权限的安全官

突发事件中止

- ☐ 适当的中止约定语
- ☐ 中止程序检测

媒体

- ☐ 演练设计中要考虑媒体的角色，利用媒体进行有利宣传
- ☐ 在后勤准备中要考虑媒体和观摩人员

应对能力

- ☐ 要保留足够的人员以应对常规非演练事件

法律责任

- ☐ 法律责任问题要经由律师调查研究

第六章　应急演练准备实例展示

第一节　简单桌面演练设计示例

一、自然灾害演练——交通系统地震灾害应对桌面演练

情况通报（一）

201×年5月20日，星期六。天气晴，白天最高气温19℃。

14:00，西部省化隆县一带发生6.9级强烈地震，全省震感强烈。地震造成多处山体塌方、多条道路中断。由于通信网络中断，灾情具体情况仍待进一步核实。

14:10，省政府要求交通厅立即报告应对措施。

情况通报（二）

15:00，省交通系统紧急动员起来，各地市县交通应急队伍已经开

始进行自救，或赶往有关灾损路段。

经初步排查，本次地震引起多处山体塌方和滑坡，省公路局辖养的省道 202 线合群峡段、省道 203 线隆务峡段、省道 306 线柴沟段发生多处阻断，其中合群峡段阻断长度约 16 千米、隆务峡段阻断长度约 11 千米、柴沟段阻断长度约 6 千米，初步估计塌方量达 74 万立方米，隆务峡黄河大桥等 24 座桥梁（其中大桥 5 座、中桥 7 座、小桥 12 座）和红土山隧道及隆务峡 1＃、2＃隧道共 3 座隧道发生不同程度的损坏。

化隆县政府报告，有大量重伤员无力救治，县城通往外界的道路不通，请求省交通抗震救灾指挥部给予支援，将重伤员紧急运送到省会或周边城市进行救治。

为更好地领导全省交通抗震救灾工作，省交通抗震救灾指挥部决定立即召开会议，研判灾情，做出决策。

情况通报（三）

17:00，综合灾情信息。

牙同高速项目办电话，受地震影响，D 标段发生工棚垮塌事故，造成 7 人被埋，目前施工单位正全力组织救援。

大连海事大学报告，该校公共管理学院一名副教授带领 12 名学生外出调研，地震发生时正乘坐大巴经 202 国道去往××，目前全部失去联系。

据抢险一线报告，由于灾区地处高原，道路中断的路段平均海拔在 3 500 米以上，多名道路施工人员和后继赶到的应急救援人员出现不同程度的高原反应。

接省抗震救灾指挥部指令，我省正在从 B 省×市调运帐篷 5 000 顶，棉被 1 万床，棉衣 3 万件，大米 500 吨，蔬菜 200 吨，饮用水 300 吨。要求我厅和青藏铁路公司做好运输应急保障工作。

受地震影响，跨度 30 米的隆务峡 5 号大桥公路桥梁中断，当地公路部门钢架桥最长跨度为25米，不能满足应急抢通要求。

来自全国各地参与救灾的部队、应急救援队伍和志愿者组织蜂拥前往地震灾区，通往灾区的高速公路、省道等道路拥挤不堪，严重影响救援队伍与车辆通行速度。

省新闻办通过舆情监测了解到，国内多家门户网站刊登标题为“通往震区高速公路对救灾车辆照常收费”的新闻稿。上述新闻被各大论坛大量转载。同时，各大论坛出现一则题为“高速收费人员刁难救灾车辆”的帖子，发帖人称其驾驶货车前往震区途中，因不能按照高速公路收费人员要求出示参与救灾相关通行证明，缴纳了高额通行费。发帖人认为收费公路对于社会自发救灾车辆应当无条件通行，交通部门的做法是人为设置障碍，故意阻挠抗震救灾工作。同时，相关内容在微博、微信朋友圈等大量流传，引发网民关于收费公路相关问题的讨论和质疑。

省抗震救灾指挥部要求我厅迅速上报交通系统抗震救灾部署。

二、事故灾难演练——飞机坠毁事件桌面演练

情况通报（一）

8月29日，小雨。

市政府应急办通报：今天上午9:32，一架货运飞机在我市郊区光明小区坠毁。坠毁原因不明。

飞机造成光明小区两幢3层楼房严重损毁，并可能已造成数十名人员伤亡。伤亡人员中，有前去进行现场办公、与小区居民沟通该小区拆迁方案的市城建局副局长王大明一行的工作人员。

目前，部分消防车辆和急救车辆已赶到现场，市长助理张小勇等领导已经赶往现场。

现在是上午10:20，市民用航空器事故应急处置指挥部召开会议。

情况通报（二）

市民用航空器事故应急处置指挥部办公室综合报告：

现已查明：今天上午坠毁的飞机系飞翔速递连锁公司租用的货运包机。机上有机组人员 4 名，已经全部遇难。坠机共造成小区内 3 人死亡，4 人重伤，另有 13 人不同程度受伤。

目前，通往光明小区的道路已经严重拥堵，部分伤员尚未运抵医院。

大批记者聚集在现场采访。

网上有网民声称我市遭到恐怖分子的袭击，自杀式飞机撞上了郊区政府办公大楼，数百人遇难。

目前不断有市民给政府热线打来电话，电话线路严重拥堵。

现在是中午 12:00，30 分钟后市政府领导将前来听取指挥部工作汇报。

三、公共卫生事件演练——城市大规模食物中毒事件桌面演练

情况通报（一）

201×年 10 月 28 日，星期五。天气：晴间多云，最高气温 32℃。

今天下午，本市各大医院报告头痛、恶心、呕吐、腹泻患者突然大幅度增多，医院方面判断是由食用含有水胺硫磷的食物引起中毒症状。截止到 17:00，本市各区县卫生部门共报告接诊此类食物中毒患者 4 568 余人，其中 72 人为中重度中毒。目前有 2 人因并发症生命垂危。

市食药监局检测表明：目前市场上销售的由 B 省销往我市的豇豆含有禁用农药水胺硫磷。这批豇豆是今天凌晨运往我市各大蔬菜批发市场的，共 7 000 多千克。

17:30，市食品药品安全事故应急指挥部紧急召开会议。

附：水胺硫磷简介

水胺硫磷是一种高毒杀虫剂，主要用于防治叶螨、鳞翅目和同翅目害虫，以及稻瘿蚊、稻象甲、牧草蝗虫等。国家禁止将水胺硫磷类农药用于果、茶、烟、菜、中草药等植物。

水胺硫磷属有机磷农药，可通过食道、皮肤和呼吸道引起中毒。急性中毒多在12小时内发病，若口服可立即发病。按病情可分为轻、中、重三类：

轻度中毒：头痛、头昏、恶心、呕吐、多汗、无力、胸闷、视力模糊、胃口不佳等。

中度中毒：除上述症状外，还会出现轻度呼吸困难、瞳孔缩小、精神恍惚、大汗、流涎、腹疼腹泻等。

重度中毒：除上述症状外，还会出现昏迷、抽搐、呼吸困难、口吐白沫、肺水肿、大小便失禁、惊厥、呼吸麻痹等。

情况通报（二）

10月28日18:00，市食品安全办公室综合有关方面信息：

（1）最新情况。

截止到18:00，本市各区县卫生部门报告，前来就诊的怀疑自己食物中毒的人员激增，各大医院内拥挤不堪。1名并发症患者死亡。

（2）媒体舆情。

搜狐网、新浪网、凤凰网等多家门户网站上有消息称，“昆仑市发生大规模食物中毒，近百人生命垂危”。东方卫视、第一财经、湖北经视、香港财华社等多家电视媒体也进行了报道。

网上有人散布消息，“昆仑市绿色蔬菜有毒，市内医院人满为患”。广为流传的言论还有，“非洲埃博拉病毒传入昆仑市，造成上千人住院，包括医护人员在内的13人已经死亡”。

网上有群众愤怒质问，两年前昆仑第一中学就发生过因学校食堂管理不善造成数百名师生集体食物中毒事件，但政府却没有认真汲取教训。有关领导为什么不作为？

（3）记者来访。

路透社、《新加坡联合早报》记者已经来到市政府门前，希望了解事件的发生原因、目前情况和政府的态度。

新华社和人民网记者打来电话，想要了解事件进展和我市处置情况。

（4）市场影响。

各大超市、农贸市场都出现了包括豇豆在内的绿色蔬菜严重滞销的情况。环卫部门报告被抛弃的蔬菜类垃圾遍布一些街区，给环卫工作带来极大困难。

（5）电话记录。

省委书记、省长分别来电询问情况，要求昆仑市妥善处置此次事件。

四、社会安全事件演练——核电建设项目引发的群体性事件桌面演练

初始信息

微信朋友圈转发：《核电将毁灭中国》作者将于近日来到荷岛市举办讲座。

情况通报（一）

201×年9月26日，星期六。天气：晴。

8:50，荷岛大学党委宣传部紧急通报荷岛核电项目建设指挥部：今天上午9:00，在荷岛大学礼堂，著名环保人士张明明举办讲座“核电将毁灭中国”。荷岛大学党委宣传部此前并不知道有这个讲座。

据初步了解，此次讲座由荷岛大学社会科学学院主办，平核绿色传播组织（一个由海归学者创办的非政府组织）协办。

鉴于两个月前曾出现当地群众聚集请愿的情况，荷岛核电项目建设指挥部紧急启动应急响应。

情况通报（二）

201×年9月26日10:50

（1）最新情况。

综合有关方面消息，荷岛大学有近百名学生在张明明的讲座之后，开始乘坐预先租好的大巴车赶往荷岛核电项目建设指挥部递交停止项目建设请愿书。据悉，不少市民也打算跟随前往。

（2）媒体舆情。

新浪网等多家门户网站上有消息称，"'核电将毁灭中国'讲座在我国东部沿海最大核电项目基地荷岛市开讲，当地学生和市民反应热烈"。东方卫视、第一财经、湖北经视、香港财华社等多家电视媒体也进行了报道。

网上有言论称，"荷岛核电站未建成先出现核泄漏"。广为流传的言论还有，"荷岛市民纷纷外逃"……

（3）记者来访。

路透社、《新加坡联合早报》记者已经来到指挥部门前求证有关情况，不少摄像记者已经在马路对面架起了摄像机。

（4）电话记录。

省领导来电询问情况，要求指挥部妥善处置此次事件。

情况通报（三）

11:30，大批人员赶到指挥部门前，高举标语，高喊口号。

人群中有某知名媒体人士的身影，也有外媒记者在现场采访聚集的人员。

有人举牌子并喊口号："腐败市长必须下台！"

第二节　复杂桌面演练设计示例

这里的两个演练场景涵盖了研讨式桌面演练、交互式桌面演练、递进式桌面演练的元素。

一、城市水污染演练

第一部分：研讨式桌面演练信息

情况通报（一）

我市共有11座水厂。市水务集团下设一至九水厂，明德清泉水务公司下设东部和西部净水厂。

5月18日，市水务集团三个水厂的原水及出厂水中检测出总大肠菌群超标（按国家有关卫生标准规定，出厂水中不得有总大肠菌群）。5月19日，明德清泉水务公司也检测出此类菌群。两家企业对此高度重视，已经采取加强水源监测和净化措施。目前尚未找到问题原因。

网监部门报告：19日晚，有关于我市自来水污染的信息在微信朋友圈散布。随后，桃花原生态组织明德分部在该机构网站上对此事进行曝光。该组织呼吁市政府公布真相，呼吁市民关注饮水安全、不喝生水。

20日9:00，市水污染事件应急指挥部召开紧急会议。

背景信息：

1. 总大肠菌群

总大肠菌群系指一群需氧及兼性厌氧的，在37℃生长时能使乳糖发酵，在24小时内产酸产气的革兰氏阴性无芽孢杆菌。能在选择性培养基上产生典型菌落。水样中总大肠菌群数的含量，表明水被粪便污染的程度，而且间接地表明有肠道致病菌存在。

2. 生活饮用水标准

《生活饮用水卫生标准》（GB5749－2006）规定生活饮用水必须满足以下三项基本要求：

（1）保证流行病学安全，即要求生活饮用水中不得含有病原微生物，应防止介水传染病的发生和传播；

（2）水中所含化学物质和放射性物质不得对人体健康产生危害，不得产生急性或慢性中毒及潜在的远期危害（致癌、致畸、致突变）；

（3）生活饮用水必须确保感官性状良好，能被饮用者接受。

3. 桃花原生态组织

桃花原生态组织成立于2002年12月5日，是由志愿从事生态事业的各界人士组成的社会团体。目前该组织有成员5 000余人。

桃花原生态组织等社会组织是参与生态文明建设的一支重要力量，在环境保护、资源节约等生态建设领域发挥越来越重要的作用，其社会影响力也在逐渐增强。

情况通报（二）

20日10:00。

环境部门报告：经初步调查了解，高度怀疑此次总大肠菌群超标事件是幸福河上游F市一养猪场违规排放废水废物造成。该市正在进行调查核实。目前，有关水厂的出厂水水质尚未恢复正常。

网监部门报告：明德之声论坛上有人热议我市自来水大肠杆菌超标问题，跟帖已达500多条。桃花原生态组织号召网民明天中午到市政府广场散步。

新闻办报告：《明德日报》、明德电视台记者打来电话询问自来水污染情况。

情况通报（三）

20 日 14:30。

鉴于有关水厂继续检测出出厂水总大肠菌群超标，市应急委决定各水厂立刻停止从幸福河取水口取水，同时启动城市备用水源（地下水）供水。

采取该措施后，两大水务公司每天共减少供水 25 万吨，即总供水量减少五分之一。

市应急委要求市水污染事件应急指挥部统一处置相关问题，确保公众饮水安全和社会稳定。

第二部分：交互式桌面演练信息

动态信息：上级和其他城市

阶段	序号	发信方	收信方	传递方式	内容	预期行动	备注
第一阶段	1.1	市委书记	指挥长		污染多长时间可以控制？提出全力处置要求。		
	1.2	省应急办	上级信息组		快速报送水源污染事件信息。		
	1.3	下游城市应急办	上级信息组		是否会对我市水源造成影响？目前水污染事态及发展情况。		
第二阶段	2.1	省长	指挥长		目前水污染事态处置情况，提出快速处置要求。		
	2.2	相邻城市应急办	上级信息组		是否需要支援？		

动态信息：本市机构

阶段	序号	发信方	收信方	传递方式	内容	预期行动	备注
第一阶段	1.1	卫生局	下级信息组		本市腹泻就医人数大幅增加，其流行病学调查正在进行中，怀疑我市自来水受到污染。		
	1.2	民政局	下级信息组		本市西部部分养老院出现停水情况，影响正常生活。		
	1.3	A街道办事处	下级信息组		本辖区出现大面积停水，影响居民正常生活。		
第二阶段	2.1	服务业委	下级信息组		市民大量抢购矿泉水，部分超市矿泉水脱销。		
	2.2	物价局	下级信息组		近日矿泉水价格飙升。		
	2.3	卫生局	下级信息组		本市各大医院反映由于腹泻患者增加，住院床位紧张。		
	2.4	公安局	下级信息组		接到某小区报警称由于小区门口超市矿泉水紧缺，小区居民为抢购矿泉水发生争执，有人受轻伤。		

动态信息：市民

阶段	序号	发信方	收信方	传递方式	内容	预期行动	备注
第一阶段	1.1	市民一	市民信息组	市长热线	什么时间能够恢复正常供水？		
	1.2	市民二	市民信息组	市长热线	腹泻治疗费用要求政府承担。		
	1.3	市民三	市民信息组	市长热线	供水车可否送水到小区？		

续前表

阶段	序号	发信方	收信方	传递方式	内容	预期行动	备注
第二阶段	2.1	市民四	市民信息组	市长热线	我市出这么大的事，请问是谁的责任？		
	2.2	市民五	市民信息组	市长热线	网上说这次腹泻是不明原因传染病引起的，能致人死亡，是不是真的？		

动态信息：官方媒体

阶段	序号	发信方	收信方	传递方式	内容	预期行动	备注
第一阶段	1.1	新华社明德分社	官方媒体组		停水的真实原因是什么？何时恢复供水？		
	1.2	明德电视台	官方媒体组		要求采访市水务集团。		
第二阶段	2.1	省报	官方媒体组		要求采访市有关领导。		
	2.2	人民网	官方媒体组		求证我市是否爆发不明原因的大规模传染病。		

动态信息：其他媒体

阶段	序号	发信方	收信方	传递方式	内容	预期行动	备注
第一阶段	1.1	《新加坡联合早报》	社会媒体组		听说贵市发生大规模投毒事件，是否属实？		
	1.2	凤凰卫视	社会媒体组		听说贵市因不明原因腹泻死亡数十人，是何原因？		
第二阶段	2.1	《城市生活导报》	社会媒体组		明德清泉水务公司发言人说近期集中爆发腹泻与我市自来水无关，我们的水安全可靠，是否属实？		
	2.2	《民生早报》	社会媒体组		贵市如何保证市民的饮水安全和生命安全？		

动态信息：网络

阶段	序号	发信方	收信方	传递方式	内容	预期行动	备注
第一阶段	1.1	明德天涯论坛		论坛信息	亲，自来水出事了，千万别喝，要喝矿泉水哦。		
	1.2				我班十余名同学饮用自来水后抽搐不止!		
第二阶段	2.1	明德天涯论坛		论坛信息	我市供水系统被恐怖分子投毒，喝自来水可致死。		
	2.2				我市数百人饮用自来水后暴毙!		
	2.3				我市供水市场私有化，水务集团管理混乱，市主要领导有直接责任。		

二、食品安全事件演练

模拟第0天

【情况通报】

国际文传电讯社莫斯科2013年9月2日讯，据俄罗斯农业部统计资料，自2008年非洲猪瘟传入俄罗斯以来，俄罗斯养殖业遭受重大损失。截至目前，俄罗斯已捕杀40万头感染此瘟疫的病猪，直接经济损失超20亿卢布，间接经济损失达200亿～300亿卢布。目前，俄罗斯14个州、白俄罗斯2个州爆发过非洲猪瘟。

2017年3月31日，俄罗斯联邦兽医及动植物卫生监督局副局长尼古拉-弗拉索夫表示，伊尔库茨克州爆发非洲猪瘟对中国构成威胁。他在该局局务会议上表示：“下一步将不仅蔓延到西伯利亚地区，这种传染病还会传入中国。”

按照上级指示，东方省重大动物疫病防治指挥部召开会议，讨论防范非洲猪瘟问题。

【演练任务】

在演练师的带领下，各组完成以下工作：

（1）列举本市动物防疫中存在的问题；

（2）对问题按重要性进行排序；

（3）提出系统的改进建议。

模拟第1天

【情况通报】

情况通报（一）

6月12日9:00，省农业厅报告：

（1）A市农业局报告，最近一周以来，高州市连续发生养猪户所养家猪不明原因死亡事件。发病症状与猪瘟类似，但当地兽医按猪瘟病处理，效果不明显。高州市A养猪场报告，该场共饲养生猪2万头，大量生猪出现染病症状，3天之内已有600头生猪先后死亡，致死率接近百分之百。尚未发现有人员感染。茂名市农业局已经开始采取相关措施进行处置。

（2）B市农业局报告，该市郁南县和罗定市爆发大规模猪瘟疫情。多家养猪场和部分养猪户都发生生猪大量死亡情况。其中较为严重的情况是，截止到昨天，郁南县B养猪场死亡生猪达570头，罗定市C养猪场死亡生猪250头。

（3）据农业厅动物疫情专家初步诊断，此次疫情有可能是从未在我国发生过的非洲猪瘟。

情况通报（二）

6月12日9:30，省林业厅报告：

（1）最近在A、B、C等市的山区，当地林业工人、农民以及“驴友”反映野生动物死亡的事件有所增加，这些不明原因死亡的动物大都是野猪。在A市境内324国道两侧，发现不少野猪尸体（包括46头成年野猪、28 头野猪仔）。其中部分尸体已经开始腐烂。在未腐烂的尸体上，既没有发现意外伤害的痕迹，也没有被枪杀的痕迹。

（2）经有关方面测定，在我省等地大规模爆发非洲猪瘟。

【演练任务】

在演练师的带领下，各组结合各自职责，分别研讨：

（1）灾情会怎样发展变化；

（2）人民群众会有哪些需求；

（3）政府可能面对哪些难题；

（4）对分析出的问题进行归类、排序；

（5）提出系统决策意见。

模拟第 2 天

【情况通报】

情况通报（一）

6 月 13 日 9:00，省农业厅报告：

（1）A 市农业局报告，高州市 A 养猪场报告，该场共饲养生猪 2 万头，大量生猪出现染病症状，现已有 5 600 头生猪先后死亡，致死率接近百分之百。

（2）B 市农业局报告，该市郁南县和罗定市爆发大规模猪瘟疫情。多家养猪场和部分养猪户都发生生猪大量死亡情况。其中较为严重的情况是，截止到昨天，郁南县 B 养猪场死亡生猪达 1.57 万头，罗定市 C 养猪场死亡生猪 1.25 万头。

情况通报（二）

综合各地报告，A、B、C、D、E 五市都确认爆发非洲猪瘟疫情，各市都报告有大型养猪场发生上万头生猪死亡的情况。

【动态情况】

（1）病死猪流入市场被曝光。

央视报道：

A 市梅林镇瑞丰食品有限公司（屠宰场），每天的屠宰量在 200 头左右，全年要杀 7 万多头病死猪。

成品病死猪肉有前排、脊骨、筒骨、猪肚、前腱等，共有 70 多种产品，价格从每千克 5 元到 15 元不等。

该屠宰场的产品销往广东、湖南、重庆、河南、安徽、江苏、山东等七个省市，一个月销售 300 吨，年销售病死猪肉获利 2 000 多万元。

猪贩子还把病死猪卖给一些私屠乱宰的黑窝点，这些病死猪肉流入了当地的菜市场。他们的猪肉价格比门店的每斤便宜 1 块钱左右，所以一些不知内情的消费者为了省钱，争相购买这些便宜肉。

B 市周边不少地方都有长期售卖病死猪的“传统”。

记者采访明德市的青龙市场，王老板从 1997 年开始卖肉，就一直卖病死猪肉。新民市有多家养猪场长期给他供货。其中绪兴养猪场一年就能给他提供 100 多头病死猪。例如，两头猪他花了 550 元，能卖大概 3 000 元。

（2）瘦肉精致病。

今天，E 市 484 名市民和中小学生因食肉中毒住院。他们均出现心跳加快、四肢发抖、心慌等症状。据调查，中毒患者吃的猪肉均是由河源市肉联厂集中屠宰供应的。经省有关部门对样品的检验，证实导致 484 名市民中毒的原因，系当地个别养猪户给生猪喂养含有“瘦肉精”的饲料所致。

据了解，事发后，E 市有关部门及时销毁了几个猪场经检验含有“瘦肉精”的 118 头生猪，并抓获了 6 名涉案养猪户。之后，顺藤摸瓜，抓获河源某饲料经销店经理陈某，查获其藏匿的含有“瘦肉精”的饲料 100 多千克。

（3）互联网舆情。

新浪网等多家门户网站上有消息称，“香港已经悄悄开始提升进港生鲜猪肉和家禽的检测力度。人们疯传不要购买内地产的猪肉和鸡肉。”该消息的真实性还有待确认。

网上开始有人散布消息说非洲猪瘟可在人畜间相互传播。

（4）环境影响。

在高州市、郁南县等地，环卫部门发现有大量死猪被到处乱扔的现象。

《南方都市报》头版消息，在珠江佛山段，人们发现大量死猪漂浮在江面上。已有民间环保组织闻讯赶到江边开展调查活动。

【演练任务】

第一阶段：

接收上述信息及舆情通报等文件。

第二阶段：

同时或依次完成各组任务：

（1）综合协调组：随时维护动态灾情图，并报告各组。

（2）疫情处置组：向全省电视电话会议部署抵御疫情工作。

（3）治安维稳组：向公安部应急指挥中心报告相关情况和措施。

（4）卫生监控组：在宣传报道组的支持下向群众做科普宣传。

（5）工商管理组：向领导指挥组报告最新措施。

（6）宣传报道组：组织新闻发布会。

（7）领导指挥组：向国家食安委报告有关情况和措施，对内部做出指示。

模拟第 3 天

【情况通报】

6 月 15 日，在农业部的指导下，在省农业系统的全力努力下，全省各地报告病死猪数量逐步减少，没有新的养猪场出现病死猪情况。

指挥部各职能组开展集中办公，并召开例行会议研究解决棘手问题。

【动态情况】

（1）病死猪交易查处情况。

1）农业系统。

农业厅派督导组赴有关城市相关部门开展现场调查，侦查违法违规行为。

农业厅表示，将进一步部署和要求各地切实强化养殖、屠宰等环节监督管理，严厉侦查不按法律法规要求开展病死畜禽无害化处理以及违法销售、屠宰病死畜禽等行为，落实养殖、屠宰者主体责任，确保动物产品质量安全。

2）公安部。

公安部部署江西、湖南、重庆、山东、河南、安徽、江苏等地警方依法立案侦查，并派员赴东方省现场督办，12 人被抓捕。

3）东方省省长。

省长就日前发生的病死猪事件痛斥当地官员麻木不仁，要求依法处理相关人员，并及时向社会公开处理结果。

（2）进口猪肉冲击市场。

近期双汇进口美国 7 500 吨猪肉引起各界的广泛关注，在猪价下跌、猪肉消费需求不强时，双汇逆市进口猪肉给市场带来恐慌。

农业部公布的数据显示，6 月份第 2 周，全国生猪平均价格 12.19 元/千克，比前一周下降 2.6%，与去年同期相比下降 14.0%。全国猪肉平均价格 21.75 元/千克，比前一周下降 1.8%。

我国进口近几年呈现递增的局面。经计算，我国猪肉有 51 万吨属于产能过剩。出口量虽有增加，但远远小于进口。进口逐年递增，使得我国生猪、猪肉市场受进口猪肉的冲击越来越大。

6 月份我国进口量达到 56 182.48 吨，环比增加 3 668.71 吨，增幅 6.99%，同比增加 1.16%。

（3）群众聚集。

在B市，有数百名群众到市政府门前聚集，抗议政府对猪瘟事件不作为。截至本报告定稿时，A市政府门前也有大量群众陆续到达、静坐。

【演练任务】

第一阶段：

场内外交互：

（1）综合协调组：随时维护动态灾情图，接办公电话和市民热线电话，协调各组；

（2）疫情处置组：接办公电话和市民热线电话，协调有关各组；

（3）治安维稳组：接办公电话和治安热线电话，协调有关各组；

（4）卫生监控组：接办公电话和卫生热线电话，协调有关各组；

（5）工商管理组：接办公电话和市民热线电话，协调有关各组；

（6）宣传报道组：回答记者电话采访，在“人民论坛”上与网民互动，协调有关各组；

（7）领导指挥组：听取各组汇报、协调并做出指示。

第二阶段：

全体会议：

领导指挥组做总体工作部署。

【动态场景信息】

序号	发信方	收信方	发送方式	内容
综1	农业部	综合协调组	视频对话	当前疫情最新情况如何？当地农业部门采取了哪些针对性措施？是否需要农业部提供帮助？
综2	国务院应急办	综合协调组	电话	询问当前疫情及防控情况、目前已采取的措施及后续影响。

续前表

序号	发信方	收信方	发送方式	内容
综 3	B 省农业厅	综合协调组	电话	我们想了解贵省猪瘟疫情的情况，灾情发生的具体地点，病死猪是否有流入市场的情况及是否有流入我省的可能。
综 4	香港特别行政区卫生署	综合协调组	电话	我们听说贵省发生大规模猪瘟疫情，但没有得到正式通报。请问该传言是否属实？贵省的入港猪肉是否安全？
卫 1	A 市卫生厅	卫生监控组	电话	如何科学宣传疫情防治知识，消除公众恐慌？
疫 1	B 市突发重大动物疫情应急指挥部	疫情处置组	电话	1. 市紧急防疫物资储备库储备病茎灭、远征金碘等消毒药品严重不足。2. 病死猪超过 3 万头，焚烧或深埋等无害化处理能力不足。3. 郁南县 B 养猪场死亡生猪部分流入当地农村，详细情况正在调查中。
疫 2	C 市突发重大动物疫情应急指挥部	疫情处置组	电话	疫情进展情况如何？非洲猪瘟病是怎样引起的？如何进行科学有效的预防和处置？是否会人畜传播？食用病死猪肉将对身体健康造成何种伤害？
商 1	省长热线	工商管理组	电话	公众 1：我是省政协王主席的爱人，听说我们省发生猪瘟疫情了，是不是猪肉就不能吃了？
商 2	省长热线	工商管理组	电话	公众 2：现在云浮有特别便宜的猪肉售卖，请问这是问题猪还是真的澳大利亚免税猪？
商 3	省长热线	工商管理组	电话	公众 3：我是肇庆的养猪专业户，我家猪都死光了，请求省上做做工作，让市上赶快启动赔偿啊。
商 4	省长热线	工商管理组	电话	公众 4：报告一下，我们 A 市发生猪瘟，地方政府不作为，我们小养猪场活不下去了！

续前表

序号	发信方	收信方	发送方式	内容
宣 1	凤凰卫视	宣传报道组	电话	1. 病死猪是如何处置的？病死猪猪肉是否已经流入市场？2. 疫情是否会进一步蔓延？3. 政府已经采取了哪些措施？下一步如何防范？
宣 2	南方电视台	宣传报道组	电话	核实《南方都市报》如下报道是否真实：近日在高州市部分农贸市场出现大量廉价猪肉，据记者了解，该市郊养猪户将部分病死猪低价售出，流入市区农贸市场。
宣 3	南方卫视	宣传报道组	电话	核实《成都商报》如下报道是否真实：茂名市大量生猪死亡，导致猪肉价格大幅下降，邻近省市警惕来自茂名市、云浮市的猪肉流入本省市。
宣 4	网监办	宣传报道组	电话	人生论坛等网站中流传着这样的消息：云浮市、肇庆市、茂名市等地爆发猪瘟，养猪场和养猪户家中死猪堆积如山，非常恐怖。
宣 5	互联网	宣传报道组	模拟网上论坛	内部消息，中澳自由贸易协定首先在猪肉进口上得到体现，近日市场上出现澳大利亚进口猪肉，比国产猪肉便宜三分之一。
宣 6	网监办	宣传报道组	电话	人们在微信中疯传：高州市部分农贸市场出现大量廉价猪肉，这些流入农贸市场的便宜猪肉全是得猪瘟死的病猪，吃了会得癌症。
宣 7	互联网	宣传报道组	模拟网上论坛	网友“闹心”发帖对相关政府部门提出批评，质疑政府对病死猪猪肉的处理信息不公开、不及时。众多网友跟帖，该帖点击量很快上升到几万次。
综 5	C 省	综合协调组	电话	我们想了解韶关市、河源市、清远市三地猪瘟疫情的情况，病死猪是否流入市场。

续前表

序号	发信方	收信方	发送方式	内容
综6	香港特别行政区卫生署	综合协调组	电话	1. 病死猪猪肉及制品是否流入市场？请设法保证供港生鲜猪肉和家禽安全卫生，并将采取的相关措施告知我方。2. 有消息称珠江流域发现大量死猪漂于江面上，请问病死猪是否会污染供港自来水水源，请设法保障水质安全，并将相关措施告知我方。
卫2	A市卫生局	卫生监控组	电话	许多人到医院检查身体，怕非洲猪瘟会传染到人。请切实提供有关信息。
商5	特区办	工商管理组	电话	请问疫情到底严重到何种程度？何时能供应放心猪肉？
商6	B市工商局	工商管理组	电话	14日上午，根据群众举报，查处B市清水镇肉联厂加工病死猪肉。现不清楚是否已有更多的病死猪流入市场。
商7	C市工商局	工商管理组	电话	民众对食用猪肉产生恐慌，虽然市场、超市等猪肉摊位的猪肉是正规渠道进入，但仍无人问津。大量未受猪瘟影响的养猪户屠宰的猪肉严重滞销。
卫3	郁南县卫生局	卫生监控组	电话	郁南县××医院出现多例儿童发热病例，怀疑吃过病死猪猪肉，发热儿童亲属情绪激动，周边群众开始出现恐慌。
治1	A市公安局	治安维稳组	电话	1. 上午，部分群众质疑高州市政府应对疫情前期处置不力，在市委门前大草坪聚集，并在个别路段慢行，整体情况理性、平和。2. 下午，“px项目将重启”的谣言在群众中大量传播，有小部分人上路堵塞交通，后逐步散去。3. 晚上10时30分之后，一小部分闹事者开始骑乘摩托车以扔石头、矿泉水瓶等方式破坏公共设施。4. 境外媒体发布“坦克进城，造成15人死亡、300余人受伤”的虚假报道。

续前表

序号	发信方	收信方	发送方式	内容
治 2	C 市政府	治安维稳组	电话	C 市部分养猪场主（户）因为补偿标准过低，在县（市）政府门口聚集，请求政府提高补偿标准。
治 3	D 市怀集县公安局	治安维稳组	电话	部分邪教组织成员在多个山区乡镇散播谣言：野猪死亡是世界末日前兆，唯有加入××神教才能活命。
综 7	省长热线	综合协调组	电话	公众 5：现在网上传说有人因为吃猪肉染上非洲猪瘟了，现在我们已经不敢吃猪肉了，连鸡肉都不敢吃，请问吃肉会不会被传染?
综 8	省长热线	综合协调组	电话	公众 6：听说江面上漂着死猪，已经污染了自来水，我们现在已经不敢喝自来水了，现在只能喝矿泉水，矿泉水也快喝光了，这让我们怎么活?
综 9	省长热线	综合协调组	电话	公众 7：我是肇庆的养猪专业户，我家猪都死光了，对这场猪瘟你们做了什么? 你们在电视上说你们做了这做了那，做了那么多为什么疫情还蔓延?
综 10	省长热线	综合协调组	电话	公众 8：我举报省农业厅副厅长高大上在国家猪肉冷库建设项目上吃上百万元的回扣。
宣 8	《南方周末》	宣传报道组	电话	对病死猪是如何处置的? 为何病死猪猪肉会流入市场? 为什么疫情还在蔓延?
宣 9	东方电视台	宣传报道组	视频	《南方周末》报道，纯净水在许多地方脱销，老百姓开始不安和躁动。
宣 10	《南方周末》	宣传报道组	电话	目前有数百名群众到云浮市政府门前聚集抗议政府对这次猪瘟事件应对不力。事情到底是怎样的?
宣 11	凤凰卫视	宣传报道组	电话	虽然政府相关部门和专家解释这次疫情不会传染到人，但民间却流传着：已经有人因为误吃了病死猪猪肉，出现腹泻，被紧急送入医院抢救。政府在向公众解释方面做了什么? 下一步将如何做?

续前表

序号	发信方	收信方	发送方式	内容
宣 12	南方电视台	宣传报道组	电话	目前，珠江上漂浮着大量死猪，政府打算怎样处理?
宣 13	南方卫视	宣传报道组	电话	高州市出现人感染非洲猪瘟的病例，病人出现发热、出血、水肿等症状。据说高州市现在封锁了相关消息。请问是什么情况?
宣 14	网监办	宣传报道组	电话	众多网站有帖子称，东方省水源被污染，号召赶快购买纯净水、矿泉水。
宣 15	网监办	宣传报道组	电话	虽然政府相关部门和专家解释这次疫情不会传染到人，但有网友在新浪等网站发帖说：已经有人因为误吃了病死猪猪肉，出现腹泻，被紧急送入医院抢救，公众出现恐慌。香港已经提升了进港生鲜肉和家禽的监测力度。
宣 16	网监办	宣传报道组	模拟网络	1. 网友“八戒 2.0”发帖并上传图片说，他在东方省其他市县发现，有些养殖场也出现了病死猪的情况，疫情并没有像政府所公布的那样已得到控制，政府有瞒报的嫌疑，也有处置不得力的问题。许多网友跟帖点赞。2. 有网友称：有些养殖场的鸡、牛也大量死亡，是由这次非洲猪瘟引起的。有网友在新浪等网站发帖：由于许多病死猪被扔进了珠江河道，污染了河水，有些地方的饮用水也受到了污染。3. 天涯论坛出现置顶帖：高州市出现人感染非洲猪瘟的病例，病人出现发热、出血、水肿等症状。高州市现在已经封锁了相关消息。
宣 17	网监办	宣传报道组	模拟网络	1. 新浪微博、搜狐网、微信、短信中，人们相互转发本周六 10 时到云浮市滨江大道集体散步的信息。2. 近日，民间环保组织“自然之友”在珠江佛山段组织相关人员打捞江内死猪。据消息称，珠江佛山段的水已经被死猪污染。3. 搜狐网：罗定市有数百名群众已在政府部门聚集，质疑政府有关部门没有及时公开疫情信息。

模拟第 4 天

【演练场景】

6 月 20 日，农业部同意宣布非洲猪瘟疫情解除。

截至 12 时，病死猪处理、环境污染处置、病死猪事件舆情危机应对等工作都在有条不紊地开展。

突发事件应急指挥部召开会议，讨论事件之后的重大问题。

【演练任务】

第一阶段：

各职能组和领导指挥组分头讨论：

（1）善后处置的难点问题在哪里；

（2）善后处置的主要目标是什么；

（3）善后处置的方针是什么；

（4）善后处置应采取什么策略。

第二阶段：

全体会议：

（1）各职能组汇报讨论结果；

（2）领导指挥组总结、部署。

第三节　演练实施方案示例

演练实施方案的定稿标志着主要演练准备工作的完成。从演练实施方案中可以看到应急演练计划和准备工作的全貌。

一、桌面演练实施方案——“平安××”桌面演练实施方案

第 1 部分　演练基础

（一）需求分析

明确演练需求是演练设计的基础。本部分通过对我司面对的事故灾

难风险、应急管理相关制度要求、参演人员素质能力现状、前次演练发现的问题及改进情况等方面的分析，概括出此次演练所要满足的需求特征，明确演练的任务。

1. 风险视角

我司所属各企业主要面临的生产安全风险有：火灾、爆炸、井喷、有毒有害物质泄漏、环境污染、尾矿库溃坝，以及各种事故所导致的人员伤亡等。其中，火灾爆炸事故是我司石油仓储企业中危险最大的事故风险，也是公司的重大事故风险所在。

第一，石油仓储业务的性质决定了其安全隐患大。石油库储存的油品及化工产品多为易燃易爆物质，部分还具有一定毒性，从理化性质上讲，极易引发火灾爆炸事故。

第二，石油仓储业务总量大，使得全公司范围内火灾爆炸事故发生的概率高。作为国内最大和综合服务能力最强的第三方石化仓储物流服务商，公司运营、在建和负责管理的石化仓储容量约 2 500 万立方米，已形成覆盖长三角、珠三角和环渤海等沿海、沿江地区的石化仓储物流网络，以及从 3 000 吨到 30 万吨级多种规模的配套码头体系。

第三，相关企业技术与设施的落后现状也增加了火灾爆炸事故发生的可能性。我司部分 20 世纪 90 年代投入运行的仓储企业亟待技术改造。加之长年高密度运行，设备老化和维护不及时所带来的安全隐患日益凸显。

第四，火灾爆炸事故的危害性高。公司石化仓储企业多分布于沿江、沿海主要航道周边的环境敏感区域，如救援不当，容易造成事态扩大，导致连锁反应，造成重大财产损失、人员伤亡、环境污染及其他社会后果。“7·16”大连新港石油储备库火灾事故就是此类事故的典型案例。

第五，火灾爆炸事故对公司的影响大。作为被政府、社会、媒体高度关注的大型中央企业，一旦发生重特大火灾爆炸突发事件，一方面公司的战略发展遭受沉重打击；另一方面公司的声誉也会受到极大的损害。

2. 制度视角

根据《突发事件应对法》等国家法律法规的要求，以及公司相关的安全管理规定，我司今年开展应急演练的必要性主要体现在：

（1）预案要求演练。

《中国××股份有限公司生产安全事故应急预案》的“7.2 预案演练和修订”节规定，“股份公司应以每年一次的频次组织股份公司层面的应急预案演练”，“根据演练和总结情况，及时补充、修订、完善应急预案”。我司已有 2 年没有组织股份公司层面的应急演练。

（2）预案的完善要求演练。

2010 年 7 月，公司针对生产安全事故风险制定了《中国××股份有限公司生产安全事故应急预案（第六版）》。《预案（第六版）》结合前次演练中暴露出的问题，在制度、流程方面进行了重要调整。在 2011 年应急评估后，公司 HSE 部又对《预案（第六版）》进行了优化，形成了《中国××股份有限公司生产安全事故应急预案（第七版）》（草案）。其中，对公司总部在应急中的作用进行了重新定位，并增加了首次会议、人员赴现场等程序。这些修订内容的适用性和有效性需要经过演练再加以推敲。

（3）政府对油库安全的重视使得相关演练成为必要。

近年来，石油化工企业火灾频发，特别是 2010 年“7·16”大连新港石油储备库火灾事故，经济损失之惨重、社会影响之巨大、事故问责之严厉不仅给中石油带来了巨大的影响，也让石油储备库成为政府部门监管的重中之重。2011 年，环境保护部会同国土资源部、交通运输部、水利部、国资委、安全监管总局、国家能源局组成 7 个检查组，对包括我司在内的五家重点国有企业开展了“陆源溢油污染风险防范大检查”。2012年4月，安监总局下发《关于组织开展石油库安全专项检查的通知》，联合发改委、工信部、公安部、环境保护部、交通运输部、国资委组成专项检查组，于5月到7月期间对我司在建和已投用的石油库开展了专项检查。开展油库事故应急演练将会促进油库安全管理工作。

3. 能力视角

此次演练的主要对象——股份公司应急指挥部成员的整体能力提升需要借助演练来推动。

股份公司应急指挥部各成员均来自公司中、高级管理层，综合素质、能力普遍较强，但在应急管理知识与技能方面则不够均衡。例如，指挥部主要领导对突发事件应急管理思路较为清晰，在过去的演练中展现了较强的统筹指挥能力；有些指挥部成员由于日常工作与应急管理关系密切，接受过国内国际相关培训和认证，对紧急状态下的职责认识清晰；有些指挥部成员则由于日常工作中处理突发事件的机会较少，对应急管理仅停留在概念上的认识，对预案的程序、自身职责和本部门能够发挥的作用缺乏深入的了解。

在实践经验上，应急指挥部绝大部分成员没有突发事件的实战经验，部分成员对突发事件处置的认识也仅来源于2010年的“猛虎”演练。因此，很多指挥部成员对于突发事件情况下自身能够发挥什么作用、怎么发挥作用并不十分清楚，需通过演练积累经验、提升自信心。

从总体上看，要提高指挥部整体作战能力，就需要通过演练来提升和磨合。

4. 前次演练视角

本次演练要建立在前次演练所发现的问题及改进结果的基础上。2010年4月，股份公司举行了代号为“猛虎”的功能演练。该次演练既产生了一系列积极的效果，也给本次演练提出了需要进一步解决的问题。参加演练的指挥部成员普遍提高了对应急管理重要性的认识，明确了自己的职责。但也有部分成员（如财务保障组）在演练中因任务极少，对应急指挥中的职责缺少具体了解。

通过演练，我们发现并提出 4 大类 17 个具体问题。这些问题大部分已经从制度和流程方面得到改进，但是改进的效果尚需要在后续的演练中加以检验。

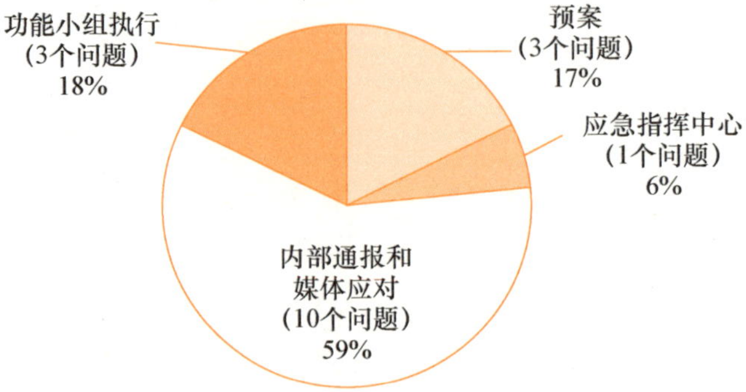

前次演练发现的问题种类和比例

5. 参演者需求视角

现应急指挥部中有 12 人经历过前次演练，占指挥部总人数的 63%，37%的人员没有参加股份公司应急演练的经验。

2010 年“猛虎”演练演练人员信息及变化

序号	成员	职务	前次参演人员姓名	本次演练是否变更	替代人员姓名
1	总指挥	股份公司总经理	A	否	
2	副总指挥	股份公司副总经理	B	否	
3	应急办公室	HSE 部总经理	C	是	AA
4		HSE 部副总经理	D	否	
5		HSE 部副总经理	E	是	BB
6	公共事务组	总裁办主任	F	否	
7		总裁办副主任	G	是	CC
8		战略规划部总经理	H	是	DD

续前表

序号	成员	职务	前次参演人员姓名	本次演练是否变更	替代人员姓名
9	财务保障组	资金部总经理	I	是	EE
10		资金部副总经理	J	是	FF
11		会计部总经理	K	否	
12	后勤保障组	行政部总经理	L	是	GG
13		物业公司总经理	M	否	
14		IT 部总经理	N	否	
15	法律保险组	法律部总经理	O	否	
16		财务公司总经理	P	否	
17	人员善后组	HR 部总经理	Q	否	
18		HR 部副总经理	R	否	
19		党群部总经理	S	否	

通过不完全调查了解，我们发现参演人员的主要需求是：

（1）希望通过演练清楚并熟悉各小组和部门在应急中到底要履行哪些程序，采取哪些行动。

（2）希望通过演练发现应急准备和现有流程的不足，以便下一步改进。

6. 需求结论

综上所述，本次演练需要回应如下需求：

（1）满足有关制度和制度完善的要求，切实回应政府和股份公司领导层的关切，起到为公司科学发展保驾护航的作用。

（2）以“油库火灾事故应对”为演练的主题，使参演者切实体验风险所在。

（3）为参演者提供一次动态、系统处置较大及以上级别生产安全事故的机会，提升参演者对生产安全事故应急处置重要性和复杂性的认识。

（4）帮助指挥部各功能小组全面准确地理解各自的应急管理角色，

积累履行职责的经验，提高履行相关职责的能力。

（5）检验上次演练中所暴露问题的整改效果，考查《中国××股份有限公司生产安全事故应急预案（第七版）》（草案）中部分程序的可行性。

总体上，本次演练要为参演者营造一个挑战性强、提升空间较大的演练学习场，帮助参演者在体验中切实学习、提高相关应急处置能力，为公司战略发展服务。

（二）演练范围

1. 演练名称和类型

（1）演练名称："平安××"。

使用这一名称的主要考虑是以平实的表述方式，表达打造平安××、为公司发展保驾护航的应急管理愿景。

（2）演练类型：复杂场景桌面演练。

选择桌面演练主要基于以下考虑：

第一，演练对象的性质适合采用桌面演练的方式。股份公司指挥部作为突发事件应急处置的战略指挥部，其作用主要体现在对灾情发展方向性的研判、重大问题的决策，以及集团公司级重要活动的组织实施上。在实战演练、功能演练、桌面演练这几个演练基本类型中，实战演练适合检验现场处置和指挥决策，功能演练适合检验指挥部的战术指挥，而桌面演练则适合训练和提高指挥部的形势分析、战略决策、战略沟通等能力。

第二，桌面演练的特征符合本次演练的需求。一方面，桌面演练相对而言形式简单易行，时间压力小，适合帮助参演人员熟悉应急预案所规定的基本职责要求；另一方面，桌面演练要处置的场景往往看似纸上谈兵、容易对付，实则内藏玄机、分析研究的空间很大，做起来引人入胜，有助于参演人员亲身体验突发事件情况下的应急工作氛围和工作流程。这些特征都符合我们要为参演人员提供一个良好学习场的演练需求。

第三，桌面演练有助于带动公司各级指挥部演练。桌面演练的设计和实施，时间成本和经济成本相对较低，是用途前景广阔的一种演练方式，值得在全公司的指挥部演练中推广。本次演练可以积累经验，为公司上下今后自主开展桌面演练提供示范。

2. 演练时间和地点

演练时间：9 月 28 日。

演练时长：4 小时（含演练前导入、演练后热反馈等全部活动）。

演练地点：凯晨世贸中心 B1 层国际会议中心。布置图如下：

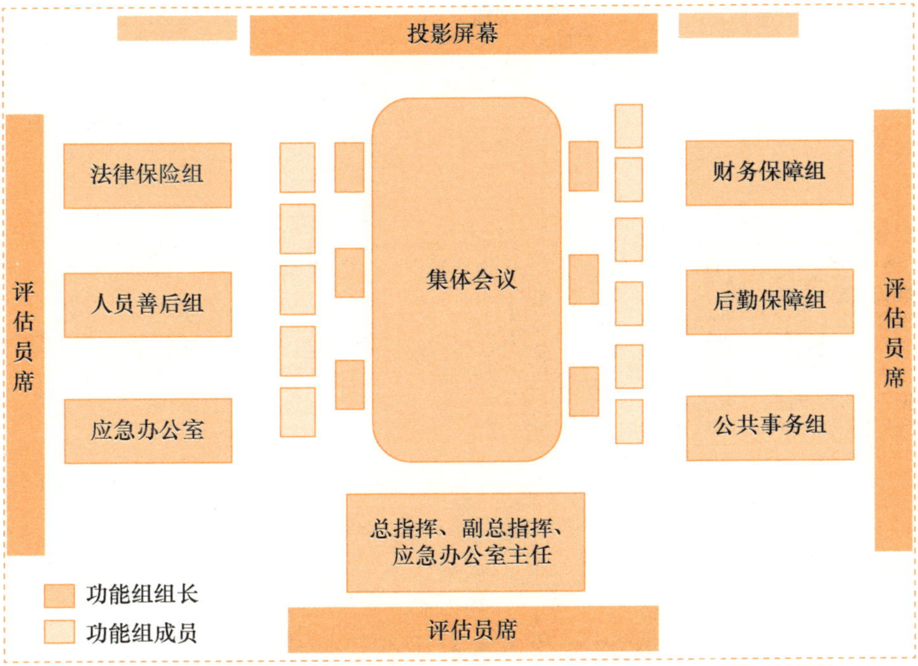

演练会场布置图

3. 演练参与范围

（1）参演人员：××股份有限公司应急指挥小组全体人员，共计

19 人。

（2）组织人员：股份公司 HSE 部 4 人参与演练策划，演练咨询团队 3 人。

（3）评估人员：每个应急功能小组各指定 2 名观察员，观察员来自股份公司 HSE 部和咨询团队。

4. 指挥部结构图

本次演练采用公司预案规定的指挥部架构。

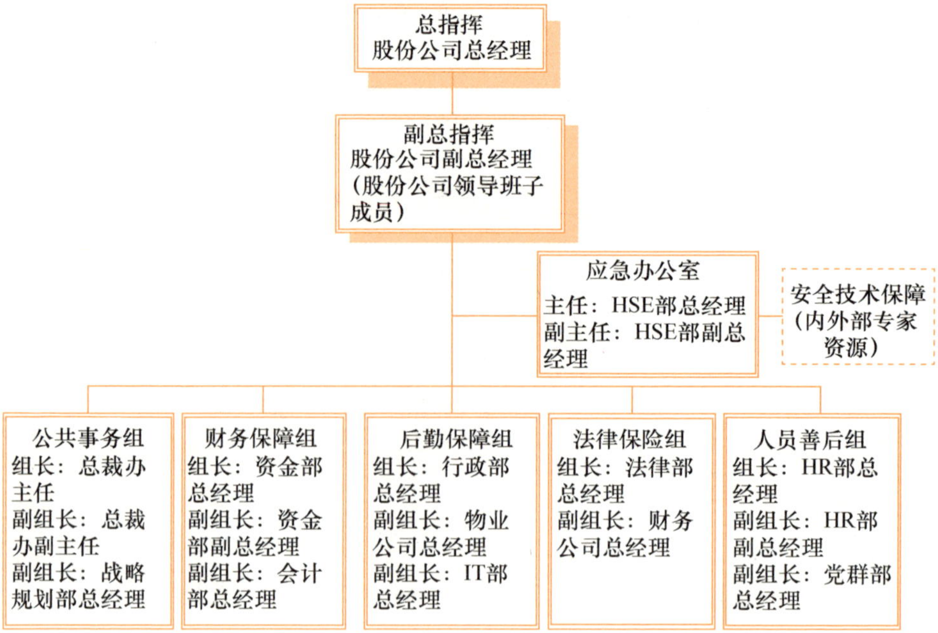

××股份有限公司应急指挥部结构图

（三）演练目的

根据演练需求，本次演练以提高应急指挥能力为核心。具体目的如下：

（1）帮助应急指挥部提高信息研判、战略性应急决策与内部沟通协调能力。

（2）帮助应急指挥部提高在危机状态下与媒体沟通的能力。

（四）演练目标

（1）总指挥和副总指挥：有效组织应急响应会议，并及时对重大问题做出正确决策；

（2）应急办公室：协助总指挥组织好有关会议，发挥主动沟通协调功能；

（3）公共事务组：准确传达公司意图，有效组织新闻发布会，指导下属企业发布信息；

（4）财务保障组：主动预测事故的财务影响，分析财务风险，提出相应对策；

（5）后勤保障组：提出并采取有效的后勤保障方案和措施；

（6）法律保险组：识别事故中的法律责任，提出善后补偿和索赔金额的建议，适时启动保险程序；

（7）人员善后组：指导协调、组织实施有关人员安置安抚工作。

第2部分 演练结构

（五）前期准备

前期准备包括如下工作：

（1）演练方案设计：对演练的各项基本要素做出系统设计，确定演练的框架内容；

（2）内部审批和通知：包括演练方案的审批、演练通知的草拟和发布；

（3）演练综合准备：包括现场准备、多媒体材料和书面材料准备、HSE部内部推演，以及必要的演练方案的精细化调整。

（4）演练前培训：

1）组织者和评估员培训：就演练实施和评估方法、要求进行培训；

2）参演人员培训：通过讲解和情景研讨使参演人员熟悉《中国××股份有限公司生产安全事故应急预案（第七版）》（草案）的相关内容，

掌握演练方法，了解演练规则。

（六）演练进行

演练进行包括先期响应、全面处置、善后应对三个阶段。

1. 阶段 1：先期响应（60 分钟）

演练假设：事故发生半小时，HSE 部接警并向总指挥报告后，总指挥召开指挥部会议。

导入：催化师主持导入突发事件，介绍总指挥已经做出的前期决策（此安排的目的是从一开始就不给大家留下演戏的印象），明确该阶段演练要求。（10 分钟）

任务 1：各小组分头进行形势分析，酝酿工作方案。（30 分钟）

任务 2：总指挥主持指挥部全体会议，听取各组汇报，做出战略决策。（20 分钟）

2. 阶段 2：全面处置（50 分钟）

演练假设：事故发生 8 小时后，事态升级，各小组研究相应处置对策。

导入：催化师主持导入最新事件动态信息，明确该阶段演练要求。（10 分钟）

任务 1：各小组根据动态信息进行讨论，形成此阶段的具体行动计划。（20 分钟）

任务 2：总指挥主持全体会议，听取各小组行动计划汇报，提出总体工作安排。（20 分钟）

3. 阶段 3：善后应对（70 分钟）

演练假设：事故发生 32 小时后，大火被扑灭，同时负面信息和谣言开始广泛传播，公司舆论压力增大。指挥部研究善后应对相关事宜，并召开新闻发布会。

导入：催化师主持导入最新事件动态信息，明确该阶段演练要求。（10 分钟）

任务 1：总指挥主持全体会议，讨论决定各善后处理事项，讨论新闻发布会发言要点和相关问题口径。(35 分钟)

期间，公共事务组部分成员前 20 分钟不参加全体会议，集中准备要提交全体会议讨论的发言要点和相关问题口径。

任务 2：召开新闻发布会。(25 分钟)

(七) 热反馈

在演练结束后，马上进行热反馈活动。(60 分钟)

导入：催化师主持提出热反馈活动的要求和安排。(5 分钟)

任务 1：各小组内部进行总结反思。(15 分钟)

任务 2：指挥部全体成员总结反思。(30 分钟)

总结：催化师进行演练总结。(10 分钟)

(八) 演练评估

演练评估包括演练前设计评估方案、演练中搜集数据、演练后分析评估、评估报告研讨会 4 个阶段。

(1) 演练前设计评估方案。由演练设计小组在演练前设计评估表，并对评估员进行必要的培训。

(2) 演练中搜集数据。评估员认真记录并填写评估表，参加热反馈并补充有关资料。

(3) 演练后分析评估。演练后 30 天内，评估小组对演练结果进行定性、定量分析，提出评估总结报告。

(4) 评估报告研讨会。评估总结报告草拟完毕后，召开评估报告研讨会，由评估组向指挥部报告评估结果，参演人员集体讨论今后改进措施。

第 3 部分　演练信息

(九) 背景信息与初始场景

1. 背景信息 (电视短片)

舟山市是我国东南沿海的一个美丽的岛屿城市，全市由近百个岛屿组成。石油仓储企业A公司位于舟山市岙山岛（面积5.46平方千米）。该岛上有多家企业的连片石油库区，整个库区东、西、南三面环海，北面靠山，西与北仑港、东与沈家门渔港隔海相望，是我国最大的石油储运基地之一。

2. 初始场景（纸质信息）

9月28日是舟山市举办的大型国际商贸洽谈会开幕的日子。

上午8:30左右，A公司在对库区内MN罐组1#罐进行罐外管线检修过程中发生爆炸，爆炸造成1#罐罐根阀受损无法正常关闭，油品大量泄漏，引起大面积火灾。事故已造成1人当场死亡，1人重伤，2人失踪，多名现场作业人员受伤。

MN罐组由4个3万立方米的原油罐组成，事发时均为满负荷运行。

上午8时，岙山岛气温23℃，西南风5级。

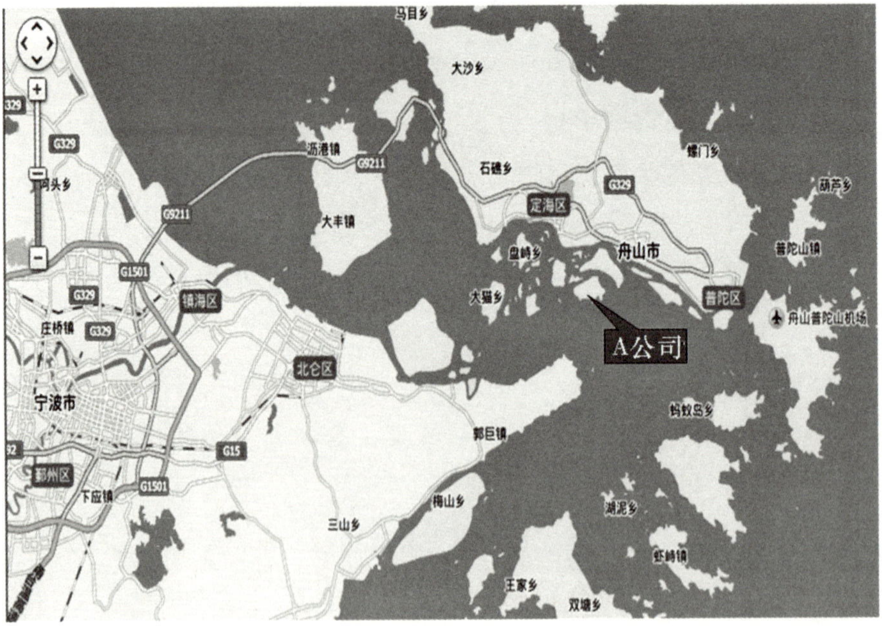

A公司所处方位

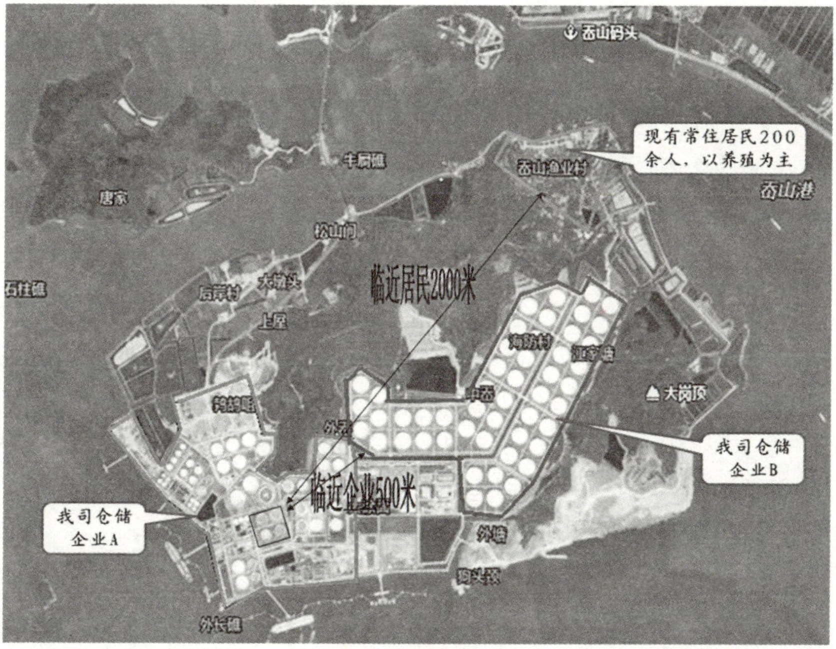

岙山岛平面图

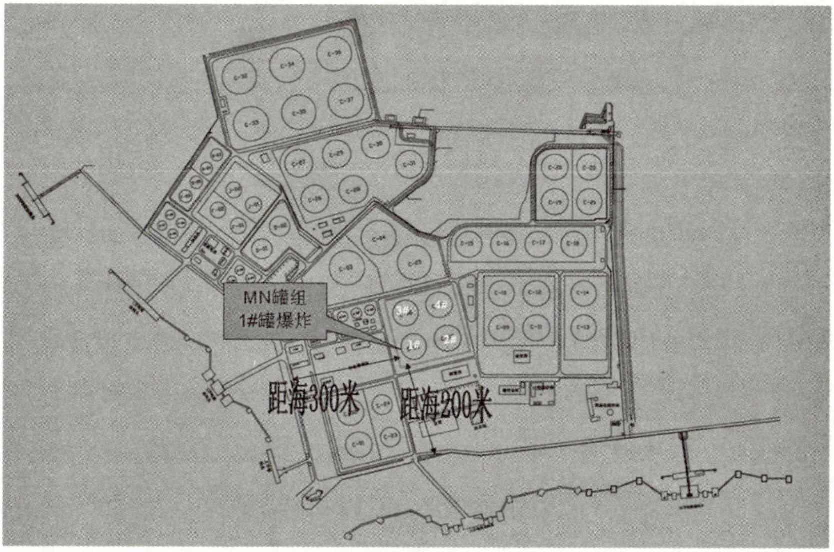

A 公司库区平面图

（十）事件体系

1. 先期响应阶段（28 日 9 时）

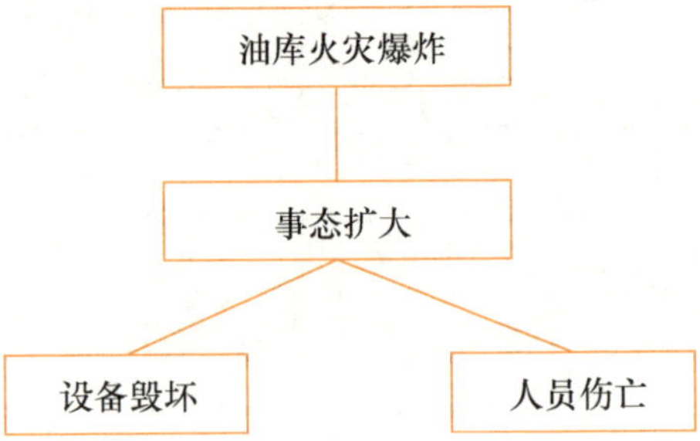

2. 全面处置阶段（28 日 17 时）

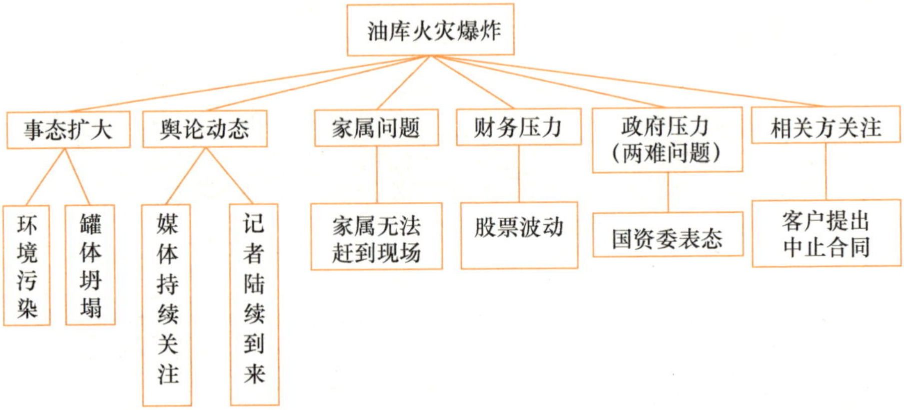

3. 善后应对阶段（29 日 9 时）

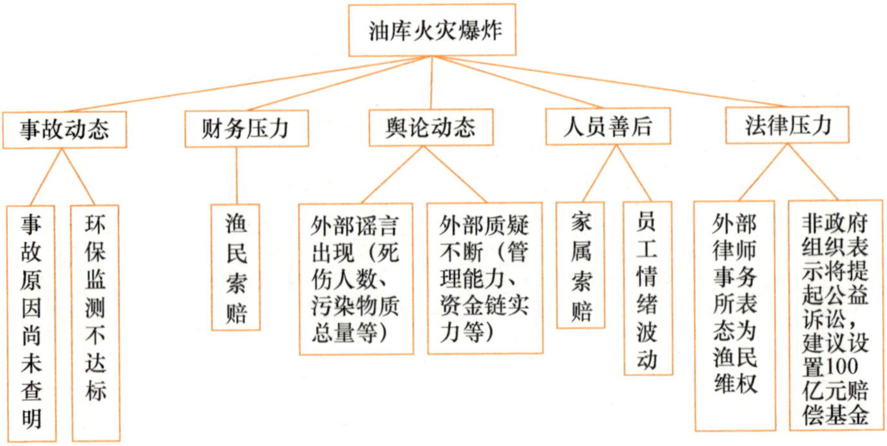

（十一）动态信息与预期行动

1. 先期响应阶段

（1）模拟时间：9 月 28 日上午 9:00。

（2）输入信息：

信息 1：背景介绍（视频，时长约 5 分钟）。

信息 2：初始场景（纸质）。

（3）预期行动：

1）总指挥主持全体会议，提出应急的基本原则，做出迅速上报信息、继续了解现场信息、派人员到现场、提出处置原则等指令和意见。

2）各小组运用相关者分析法对事故发展趋势进行研判，提出工作方案。

3）总指挥听取方案后，进一步提出处置意见。

预期行动要点详见附件 1。

2. 全面处置阶段

（1）模拟时间：9 月 28 日 17:00。

（2）输入信息：

信息 1：事故简报

- 伤亡人员信息

截至 16:00，已经确认事故造成（增加的伤亡人员情况请编补）：

死亡 1 人

基本情况：姓名：王小二；年龄：23 岁；岗位：工程部现场实习监督员；籍贯：北京；背景：2012 年应届毕业生，未婚，石油中心外派 A 公司的员工，由于尚在实习期内，还未上人身意外险。

重伤 1 人

基本情况：姓名：赵憨娃；年龄：35 岁；岗位：工程部现场监督员；籍贯：北京；背景：已婚，石油中心外派 A 公司的员工；伤情：大面积烧伤引发窒息，仍在舟山医院重症监护室抢救。

失踪 2 人

其中，张三，32 岁；李四，40 岁。两人均为当地星星服务公司人员，事发时正在 1# 罐外进行管线检修作业。

轻伤 10 人

多为不同程度的灼伤和被飞溅物体打击所致。轻伤人员已被送往舟山医院进行治疗。

舟山医院方面表示，该医院没有烧伤治疗条件，建议情况稳定后转往其他医院。

- 事故进展

截止到 17:00，火势仍未得到有效控制。

由于 MN 罐组雨水外排阀门无法关严，导致泄漏原油从雨水管道向罐组外流淌。16:00 左右，MN 罐组防火堤内大量的油、水、泡沫开始发生外溢，一部分沿着厂区向地势较低的码头方向流去。

附近的海面上已经可以很清晰地看到浮油带。

信息 2：视频新闻播报

9 月 28 日 16:00

主持人：让我们来联系前方的本台记者小米。小米，你好。

现场记者：主持人，你好。我刚刚抵达岙山库区，在通往库区的路上，远远地就能看见大片的浓烟，感觉空气中有种很刺鼻的燃油气味，同时路上还能看到不断有消防车、救护车开往事故区域。

我们从现场指挥部得到的最新情况是，指挥部已经调集了定海、普陀、大桥和岑海以及中海油、册子岛等消防力量到现场进行救援。

现在的情况仍然十分危急。目前原油还在不断地外泄，在地面形成流淌火，火势未见减小。此外，海面上也出现明显的浮油带。

由于岛上空间狭小，只有几台消防车能够靠近扑火；与此同时，通往岛上的唯一一座大桥桥面出现意外塌陷断裂，大型消防车无法通过。

基本情况就是这样，主持人。

主持人：谢谢小米。

信息 3：舆情监测报告

● 大厦内部消息

14:00，大厦一层法国路透社的电视屏幕上开始滚动播放事故新闻。标题为“××所属油库发生火灾爆炸　舟山上空腾起蘑菇云”。大厦内来往人员和员工对此议论纷纷。

● 网络消息

凤凰财经：方兴地产股价领跌地产板块　午盘后大幅跳水 50%。

方兴地产所属××集团下属最大仓储企业 A 公司发生火灾爆炸并引发环境污染事件。××集团近年来不断采取并购措施扩张实业规模。2012 年，由于全球经济形势的持续萎靡，××集团利润下降，资金链不断吃紧。此次事故带来的影响正在进一步评估中，但势必给××集团的财务层面带来影响，特别是在房地产等行业发展上可能后劲不足。（类似的消息 432 条）

截至 17:00 时，搜狐、网易、新浪网等门户网站已经将相关事件的新闻和现场照片置顶，开设事故专题对此事进行持续关注，大量网民跟帖。（类似的信息 786 条）

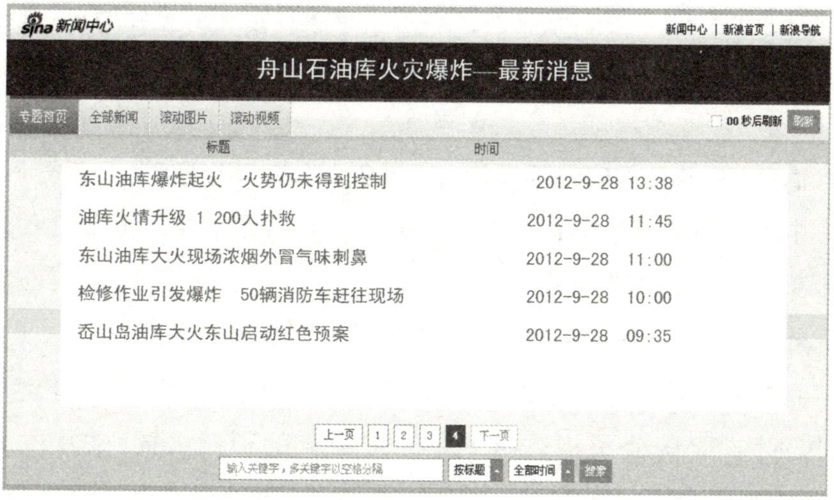

● 电视媒体

中央电视台新闻频道在15:00整点新闻中插播了该事故的简讯，并电话采访舟山市副市长，副市长表示将全力救援，并将保障渔民等相关方的利益。

信息4：电话记录（只发后勤保障组和人员善后组）

16:00，因航班延误，两名伤亡人员家属仍滞留在北京首都国际机场。

信息5：电话记录汇总（只发应急办公室）

国资委、安监总局分别给总指挥和HSE部多次打来电话，询问情况，表示关注，要求全力处置。某领导在电话中表示，“今年全国重特大事故频发，政府压力很大，务必尽一切力量，尽快平息此事所造成的不良影响，避免事态持续扩大”。

信息6：总裁办新闻部报告（只发公共事务组）

路透社、《新加坡联合早报》的记者已经来到11层，并在总裁办等候，说明了想要了解关于事故的发生原因、伤亡和财产损失以及公司对此事的态度等意图。现已安顿在11层洽谈室中，请求进一步指示。

信息7：石油中心报告（只发公共事务组）

石油中心称A公司陆续接到来自《舟山日报》《钱江晚报》等新闻媒体的电话，想要了解公司对事故的处置行动。石油中心请求集团给予指导。

信息8：凯晨保安经理报告（只发物业公司总经理）

中座一楼前台有新华社的记者要求到达11层，另外在东北门，有若干貌似记者的人正在对大楼进行摄影。

信息9：石油中心报告（只发总指挥、应急办公室）

壳牌公司打来电话并发来传真，对此事表示高度关注。鉴于此次事故的发生，壳牌公司将暂时中止原来5年的长约合同（2010—2015年）。壳牌公司将对A公司作为合作商的资质重新评估后，再给予最后的答复。

（3）预期行动：

1）各组对灾情进行组内研判，必要时与有关参演者进行会商，拿出相关意见。

2）总指挥召集全体会议，做出相关战略决策。

预期行动要点详见附件 2。

3. 善后应对阶段

（1）模拟时间：9 月 29 日上午 11:00。

（2）输入信息：

信息 1：事故简报

9 月 29 日

4:00，接石油中心反馈，火势已经被基本控制。泄漏原油正在回收中，目前有 30 吨左右原油随污水溢流进入了大海。

事故造成 1＃罐、2＃罐严重损毁，直接经济损失正在进一步统计中。目前，事故原因尚不清楚。

根据目前的污染情况估算，围油栏、吸油毡、消油剂等后续物资尚有较大缺口。

8:00，大火被熄灭。

9:00，根据舟山市环保局和国家海洋局对外公布的数据，岙山岛附近区域的空气和水质监测数据均不达标。经测算，有数百平方千米的海面被污染。

11:00，岙山渔业村的养殖户及不明身份人员数百人在 A 公司门口开始聚集，人群中有人称家里的老人和小孩受到了惊吓，还有人说自家养殖的区域内出现了浮油颗粒，要求 A 公司停止生产。

信息 2：内部信息

- 员工情绪波动

石油中心报告，A 公司员工思想包袱很重，大家都觉得在这样的企业工作太缺乏安全感，特别是和死者关系较密切的几位员工表现异常。目前，石油中心已安排部分员工休假。但A公司整体士气低落。

● 家属到来

14:35，王小二的叔叔和其他亲属来到公司，表示王小二的父母授权他来和公司讨个说法，并提出以下两点要求：

第一，公司必须出面做好善后工作；

第二，王小二的父母都是下岗职工，没有什么经济来源，提出150万元的赔偿金要求。

王小二的叔叔和其他亲属情绪激动，说如果公司满足不了诉求，就到有关政府部门上访。

信息3：舆情监测报告

● 微博与新闻报道

微博消息：有人称“据可靠消息，××集团某领导害怕被问责并牵出腐败问题，已经秘密逃往南美”。(类似的谣言非常多)

网易新闻：××遭遇事故考验　损失恐超“7·16”。文中称，“根据舟山医院医务人员和现场指挥部了解到的信息，可能有数十人在此次事故中遇难，至少上千吨严重污染的消防水流入大海，舟山渔业恐遭受重创，预计损失可能超过数百亿元，××集团的赔偿能力面临巨大考验”。(类似的新闻78条)

新浪新闻：油库选址成为争议　××实业战略受阻。对油库的选址、审批等进行质疑，对国家石油仓储沿海布局合理性发问。“××集团一直是贸易领域的行业代表，90年代之后，××集团提出实业战略但人才储备、管理思维和管理经验相对产业发展的滞后一直广被业内诟病。”(类似的新闻452条)

搜狐新闻：央企事故频发谁为责任买单。文章将“7·16”事故与中海油××事故进行对比，对央企不负责任、污染海洋的做法进行抨击，质疑此次事故国家会否再次在利益各方的博弈之下为央企买单。文章称，“××集团作为负责任的央企，应切实履行社会责任，承担起相应的责任，或可效仿中海油的做法，建立相应的赔偿基金”。(类似的新闻 1 437 条)

《钱江晚报》：“舟山市政府：事故对舟山市造成不可估量的损失，希望企业担负起自己的社会责任来。”文中说，舟山市某领导称，事故吓跑了前来参加国际商贸洽谈会的大量客商和投资人。此外，沈家门渔港海面已发现浮油带，此时正是鱼群繁殖的关键时期，渔民损失可能非常巨大。由于市民担心被污染的水域可能导致鱼群产生健康问题，今晨渔业批发交易同比下降 15%，从外地市场进入舟山本地的鱼价格上涨。此外，部分旅行社已取消近期赴舟山的旅游团。舟山市政府相关负责人表示，此次事故对舟山经济产生长期影响，并表态会积极协助渔民进行调查取证。

《财经》网站：“事故或引发连锁反应　××上市进程或中断。”“2011 年以来，××集团一直谋划整体上市。2012 年 3 月，其通过环保部会议并顺利拿到批文。此事故的发生或引发环保部对其的再次关注，也无异于一枚重磅炸弹，随时可能终止××集团的上市进程。”(类似的新闻 925 条)

- 涉法消息

律师将就舟山溢油事故提起公益诉讼索赔百亿

(2012 年 9 月 29 日 8:34　来源：腾讯网　浏览：757 次)

北京华华律师事务所律师贾成表示：“鉴于此次受损害养殖户数量多，受害范围大，维权困难，且与央企巨头在信息、技术和资金方面存在极大落差，为了最大限度维护大滩养殖户合法权益，已筹备组成‘溢油维权律师团’。”

即日起，律师团代表赶赴舟山对养殖户的受损情况进行调研。据其称，“舟山渔港的负责人对律师的介入是比较欢迎的，目前，初步有意向签订授权委托书的养殖户有 180 余名，初步估计损失可能超过 10 亿元”。

多家环保组织呼吁海洋局明确溢油赔付方案

（来源：人民网　访问次数：103）

多家环保非政府组织（NGO）表示："如果国家海洋局不出面，那么11家民间环保组织将会直接作为诉讼主体，委托律师提起公益诉讼，要求××集团设立100亿元的赔偿基金，进行生态赔偿和恢复。"NGO的代表张祥（化名）表示，他们不会过于考虑败诉的风险。

（3）预期行动：

1）全体会议：各组组长提出处置意见，副总指挥发言，总指挥提出总体处置意见。

2）新闻发布会：程序合理，主持人主持张弛有度、合乎规范；各位发言人衣着得体，神态得当，表达有理有据，逻辑严密，分寸适度；记者提问不回避矛盾，针对性强。

预期行动要点详见附件3。

新闻发布会程序和参考问题详见附件4。

第4部分　评估表

评估表1

评估对象：指挥部领导。

评估目标：

评估总指挥和副总指挥有效组织应急响应会议，对重大问题做出决策，以及有效领导指挥部开展各项应急指挥工作的情况。

评估问题：

评估事项	评分 （最高5分，最低1分）
1. 首次会议阶段	
（1）能否有效组织首次响应会议？	1　2　3　4　5
（2）能否按职责要求迅速做出决策或提出决策建议？	1　2　3　4　5
（3）分析问题是否全面、准确？	1　2　3　4　5

续前表

评估事项	评分 （最高 5 分，最低 1 分）
（4）决策内容是否具体、合适？	1　2　3　4　5
2. 阶段性会议阶段	
（1）能否有效组织应急响应会议？	1　2　3　4　5
（2）能否按职责要求做出决策或提出决策建议？	1　2　3　4　5
（3）决策内容是否具体、合适？	1　2　3　4　5
（4）能否对下属做出有效的指导？	1　2　3　4　5
（5）总指挥和副总指挥能否相互配合？	1　2　3　4　5
3. 新闻发布会阶段	
（1）能否有效指导媒体应对工作？	1　2　3　4　5
（2）能否就媒体应对口径做出合适的决策？	1　2　3　4　5
（3）能否有效回答记者提问？（如无此行动，则不评）	1　2　3　4　5

行为描述与分析：

1. 长处：

2. 问题：

3. 深层原因：

4. 改进建议：

评估表 2

评估对象：各功能组。

评估目标：

评估各功能组有效参与应急响应会议，对相关问题做出正确分析，做出及时、适当的决策，以及与其他小组进行有效沟通协调的情况。

评估问题：

评估事项	评分 （最高 5 分，最低 1 分）
1. 首次会议阶段	
（1）能否按职责要求迅速提出决策建议？	1 2 3 4 5
（2）能否发挥集体智慧分析问题？	1 2 3 4 5
（3）分析问题是否全面、准确？	1 2 3 4 5
（4）决策内容是否具体、合适？	1 2 3 4 5
2. 阶段性会议阶段	
（1）能否有效参与应急响应会议？	1 2 3 4 5
（2）能否按职责要求做出决策或提出决策建议？	1 2 3 4 5
（3）决策内容是否具体、合适？	1 2 3 4 5

续前表

评估事项	评分 （最高 5 分，最低 1 分）
（4）各角色能否有效地相互配合？	1　2　3　4　5
3. 新闻发布会阶段	
（1）能否有效参与媒体应对工作？	1　2　3　4　5
（2）能否就媒体应对内容做出合适的决策？	1　2　3　4　5
（3）能否就媒体应对方式提出合适的建议？	
（4）能否有效回答记者提问？（如无此行动，则不评）	1　2　3　4　5

行为描述与分析：

1. 长处：

2. 问题：

3. 深层原因：

4. 改进建议：

附件 1　先期响应阶段预期行动要点

先期响应阶段预期行动包括但不限于以下要点：

1. 总指挥/副总指挥

从上级主管部门、社会舆论、指挥部内部和小组内部等方面对问题进行分析：

——上级主管部门：做好与相关主管部门如国资委、安监总局以及当地政府的协调工作，派石油中心主任赶往现场。

——社会舆论：明确平息社会舆论的方式，如和舟山地区协调，通过加大对舟山地区的投资消除舆论影响等。

——指挥部内部：明确指挥部行动的原则，如把人的生命放在第一位，包括现场作业人员、应急救援人员和周边的群众；要求尽一切力量救援，避免事故的扩大和群体性事件的发生。

——小组内部：总指挥和副总指挥分工应明确，总指挥明确副总指挥负责的工作。

2. 应急办公室

从指挥部决策、上级主管部门、指挥部内部、企业等方面对问题进行分析：

——指挥部决策：了解事发罐的周边情况，对后续报告时间、内容等进行要求。

——上级主管部门：向安监总局、国资委等政府部门进行报告，了解相关政府部门的行动方案，如果国家相关机构需要赴现场，可考虑一同赴现场等。

——指挥部内部：对派出人员给予相应的建议，如相应的专家、本部门的人员，对其他小组的计划给予提示；与后勤保障组协商落实相关人员赴现场的交通、食宿等。

——企业：对 A 公司后续应急处置的要点进行提示，如立即停止装油作业、是否可以采取倒罐等措施减少油品泄漏、对周边罐组实施保护、组织厂区员工及时进行疏散、及时清点人员、加强厂区警戒、关闭雨水排放口阀门、防止二次爆炸等；了解 A 公司的需求，如应急物资等。

3. 公共事务组

从指挥部决策、上级主管部门、指挥部内部、内外部相关方（含媒体）、企业等方面对问题进行分析：

——指挥部决策：核实事故的详细情况，对事态保持密切关注，加大舆情监控。

——上级主管部门：对事故情况进行报送，如监事会、国资委等。

——指挥部内部：对相关媒体可能的到访做好把关和接待安排，必要时商后勤保障组确定接待地点等；内外部沟通新闻，必要时需请法律保险组协助。

——内外部相关方（含媒体）：着手准备内外部沟通的材料，筹备应急前台和媒体应答中心电话，并在合适的时机通过合适的渠道予以公布。

——企业：如遇到媒体采访，告知 A 公司员工回答要点，如当地政府领导接管，口径应与当地保持一致。

4. 人员善后组

从指挥部决策、伤亡人员、企业、指挥部内部等方面对问题进行分析：

——指挥部决策：进一步了解伤亡人员的详细情况，如姓名、性别、家庭情况、是否属于本单位、保险情况等，指导企业善后赔偿；对企业应急提出指导性意见，如提示周边社区人员合理有序疏散等。

——伤亡人员：告知伤亡人员家属情况，了解家属诉求，必要时组织家属赴现场。

——企业：对A公司死亡人员遗体安置、受伤人员安排等做出指导，如尽量分散家属、安置在不同医院等。

——指挥部内部：商后勤保障组落实家属赴事故现场的交通、食宿等。

5. 后勤保障组

从大楼安保、来访人员、赴现场人员等方面对问题进行分析：

——大楼安保：加强大厦内外部的警戒和安保，对来大厦人员进行登记，对无卡人员乘坐电梯进行审核。

——来访人员：遇媒体到访，及时通知公共事务组；遇伤亡人员家属到访，及时通知人员善后组。

——赴现场人员：了解赴现场人员信息和时间，安排车辆、核实航班、安排食宿等。

6. 法律保险组

从指挥部决策、企业、伤亡人员家属等方面对问题进行分析：

——指挥部决策：进一步跟踪事态，关注事故造成的甲方损失和承包商人员伤亡的责任界定。

——企业：确定A公司投保的险种和保险公司，确定合理的报险方式，第一时间向保险公司报险。

——伤亡人员家属：进一步跟踪事态发展，待伤亡人员信息明确后，落实保险和后期赔付。

7. 财务保障组

从指挥部决策、投资方等方面对问题进行分析：

——指挥部决策：了解企业的资金缺口，预估所需的资金，并明确筹措的来源和渠道。

——投资方：密切关注资本市场的消息，如出现异常，及时给予指导和干预。

附件2　全面处置阶段预期行动要点

全面处置阶段预期行动包括但不限于以下要点：

1. 总指挥/副总指挥

表态不惜动用一切可能的人、财、物，做好应急救援的支持工作；采取必要手段对舆论进行合理引导，避免事态扩大；决策关键事项，如提出加大对舟山的投资、弥补当地经济损失、消除事故影响等。

2. 应急办公室

对企业提出处置要求，保护周围罐体，切断污染源，利用围油栏、吸油毡等防止污染扩大；与现场指挥部沟通，确定是否需要调集周围区域资源对企业救援进行支持；对安监总局、国资委等进行报送情况更新，并报告环保部、海洋局等。

3. 公共事务组

合理利用预案中的已有附件文本，以恰当的方式（紧急视频会议、公司内网、邮件等）向公司全体员工进行通报；考虑是否在公司网站发布应急前台和媒体应答中心电话，并配备经过培训的相关人员，对有采访需要的媒体进行登记；根据舆情监测报告，确定新闻发布口径（对国外媒体应有额外考虑），报法律保险组和总指挥审核后，选择适当渠道（关系良好的合作媒体、官方微博、外部主页等）发布，对媒体进行引导；对A公司的媒体应对进行相应授权，明确应对口径。

4. 人员善后组

与相关权威性医院沟通，联系转院事宜；了解伤员救治方面的进展和需求；了解家属诉求，及时向家属通报信息。

5. 后勤保障组

考虑动用其他方式/资源组织家属赶赴现场。

6. 法律保险组

考虑可能的法律责任，并提示企业注意证据收集。

7. 财务保障组

对股市波动给出指导建议，并提出应对策略；评估此次事故损失带来的影响；明确可用资金情况和到位程序，以便快速提供资金支持。

附件 3　善后应对阶段预期行动要点

善后应对阶段预期行动包括但不限于以下要点：

1. 公共事务组

召开记者会，之后要进一步做好舆情监控和应对工作，要组织文章宣传××集团的社会责任意识与行动。

2. 应急办公室

了解 A 公司的应急物资缺口情况，给出具体建议（购买/调集内部兄弟企业的物资，请求其他央企支持）；对事故后续处理提出要求和进行指导，如暂停生产、防止二次火灾爆炸事故发生、对海洋环境进行持续监测等。

3. 人员善后组

请心理咨询专家和相关领导赴 A 公司进行心理干预；对家属赔偿商法律保险组等拿出原则性方案，报总指挥审批；对 A 公司出现的群体性事件考虑派专人处理。

4. 后勤保障组

继续密切监控大楼安保情况，有事及时报告和采取措施。

5. 法律保险组

对人员善后和环境污染中相关法律责任进行分析，指导企业启动前期证据收集工作。

6. 财务保障组

对后续可能的财务风险进行评估，并提出后续资金保障建议。

7. 副总指挥

指出以上工作中的几个重点工作。

8. 总指挥

做总结发言，明确公司对此事件的善后工作要求，提出总结教训的工作要求，宣布应急处置会议结束。

附件 4　善后应对阶段新闻发布会程序和参考问题

1. 新闻发布会程序

(1) 主持人宣布新闻发布会开始；

(2) 主发言人宣读新闻通稿；

(3) 记者提问，主持人点请相应发言人回答问题；

(4) 主持人宣布新闻发布会结束。

2. 记者参考问题

(1)(《人民日报》记者)："9·28" 事故造成 1 人当场死亡，1 人重伤，2 人失踪，多人受伤，数百平方千米的海平面被污染。事实上，就在两天前，舟山市市长曾经不无担忧地说，如果火势得不到控制，整个舟山将在大火里燃烧 5 年。那么，这样一起事故，其发生的原因究竟是什么？是人为操作失误吗？

(2)(《南方周末》记者)：在这次救援过程中，有一个突出的问题就是消防通道的宽度不够，不能有效满足大型消防车会车需要，消防管线水压不足，严重影响了救灾进程。据我所知，2002 年的《石油库设计规范》要求，库区消防道路宽度在 6 米以上，为什么 10 年过去了，××公司的消防通道还没有达到新国标的要求？

(3)(中央人民广播电台记者)：请问××公司将对死伤者做出怎样的补偿？据我所知，从 2008 年开始，附近的××村开始养殖海珍品，而海珍品的生产周期为 4～5 年，今年正是海参、鲍鱼等海产品陆续进入收获的季节，这场突如其来的漏油事故使该村浅水养殖的海参、海胆、鲍鱼几乎死绝，4 年近一亿元的投资打了水漂。那么，这次事故给养殖户的赔偿标准能有多少呢？

(4)(《中国安全生产报》记者)：××公司总经理公开表示，要"调动一切可以动用的资源和力量，与有关部门通力合作，确保用最快的速度完成海上清污工作"。但我们看到的事实是，××公司着火，地方政府倒成了唯一的主角。这次事故处置过程中，舟山市乃至浙江省政府都“很忙”，相比之下，××公司的总部却“静悄悄”，请问××公司总部在这次抢险救援中都采取了哪些措施？

(5)(《新加坡联合早报》记者)：支付赔偿意味着××公司承认了事故责任，有可能真的被追责。因此我们看到，这次事故赔偿由舟山市政府全权承担，而与此同时，××公司正式启动位于××的××三期项目。有专家指出，这是显而易见的“投资换赔偿”，是××公司抽身事故、逃避责任的一种手段，请问××公司对此做何评价？

(6)(央视财经频道记者)：我们观察到，××集团下属企业如方兴地产、××国际的股票价格在今天出现了波动，××国际甚至出现了跌停，多数投资机构也在事故发生后表达了对××集团近年来频繁并购现象背后的资金链情况和后续的发展战略的担心，您对这个问题怎么看？2011年以来，××集团始终在为整体上市而努力，请问这次事故对上市进程将会有什么样的影响？

(7)(路透社记者)：我们看到，××集团近期在石油领域进行了多项实业战略并购，一般来说，扩张通常会伴随管理上的滞后，请问您是否认为这与此次事故的发生有联系？

(8)(美联社记者)：请问即将召开的党代会对于本次事故处理是否有特别的影响？

(9)(新华社记者)：根据我们了解到的情况，事故对于舟山的旅游业和渔业有可能产生长期影响，请问××集团作为中央企业，在后续处理方面将会采取哪些措施？

二、实战演练实施方案——××化工园区综合实战应急演练方案

(一) 总体概述

1. 背景介绍

当前，中国正处在工业化、信息化、城镇化、市场化、国际化深入发展进程中，面临着体制转换、结构调整、保护环境、改善民生、消除

贫困等多重压力，社会利益关系错综复杂，各种自然灾害和安全事故频繁发生，公共安全面临许多新问题，应急管理工作面对许多新挑战。

在各有关部门的大力支持下，2012 年 6 月 15 日，中欧应急管理合作项目启动暨中欧应急管理学院揭牌仪式在国家行政学院举行。该合作项目旨在深化双方应急管理领域重大理论和实践问题的科学研究，推进应急管理体系建设，提升政府应急管理能力。

项目计划于 2014 年 5 月至 2016 年 10 月，在××开展一系列应急演练方法培训、应急演练师骨干培训、专题工作坊、本土化运用与实施、综合应急演练方案编写、综合应急演练组织实施以及项目经验提炼与推广等活动。

2. 演练介绍

按照中欧应急管理合作项目第二年工作计划，中欧双方选择开展应急演练优化的试点活动，并于 2016 年 5 月 11 日至 13 日在××化工区开展一次中欧联合全景式模拟实战综合应急演练，以展示与检验中欧应急管理合作的成果与合作机制。

演练针对化工区自身特点与功能，模拟台风灾害下多种次生灾害并发的极端情况，并设置多种灾害场景，包括化工装置火灾、槽车泄漏、水污染、船舶倾覆泄漏等。

此次演练为期 3 天，调用城市多种专业救援力量，并开展人员、设备及其他资源的全景式实战化联合演练，以此检验及锤炼城市综合应急救援能力，为有效应对城市灾害打下坚实基础。

（二）演练目的

此次综合应急演练将有助于检验和提升××化工区应急管理的能力和水平，梳理应急响应流程，加强信息分析与共享机制建设，并充分展示中欧应急管理合作项目成果。演练中的每个场景都经过精心设置，最大限度锤炼各城市救援力量的协调配合，并使之能够形成常态体系。具体来说，其核心目标有以下四个：

(1) 进一步提升城市应对大型灾害应急救援组织指挥能力。

(2) 进一步强化城市各应急救援力量之间的沟通协调，为寻求多部门（包括与公安部门、消防部门、医疗卫生部门、民防部门及其他相关部门）合作打下扎实基础。

(3) 进一步提高灾害应急救援处置水平。

(4) 进一步完善指挥平台，形成常态化联动机制。

（三）参演力量

1. 参演单位

(1) 欧盟公民保护团队。

(2) ××市应急联动中心。

(3) ××市公安局警务航空队。

(4) ××化学工业区公安分局。

(5) ××化学工业区公安消防支队。

(6) ××化学工业区环境监察支队。

(7) ××化学工业区海事办事处。

(8) ××化学工业区医疗中心。

(9) 金山区应急办。

(10) 奉贤区应急办。

(11) 巴斯夫化工有限公司。

(12) 科思创聚合物（中国）有限公司。

(13) ××孚宝港务有限公司。

2. 演练架构

(1) 组织领导。

1) 组长（Organizer）：负责此次演练的总策划，控制演练的整体进度，并做好公众、媒体沟通工作。

2) 副组长（Controller）：由各参演单位主要负责人担任，在演练前对场景设计进行评估，在演练中主要负责相互之间的沟通协调，以保证演练顺利安全。

3）组员（Trainer）：每个场景设置一名组员，帮助指导现场参演人员并确保行动安全。组员每日向副组长反馈演练情况，发挥副组长与现场各力量之间的沟通桥梁作用。

（2）演练保障小组（Exercise Support）。

1）场景设置组（Scenario Designer）：根据灾情假定，负责设计、准备各类模拟场景。

2）安全监护组（Safety Officer）：持续监测演练现场环境安全，确保参演人员安全，紧急情况下有权中止演练。

3）后勤保障组（Logistics）：主要负责装备保障、车辆保障、设施保障、食物及生活用品保障。

4）通信保障组（ICT）：设置演练网络，设立现场指挥部通信及网络设备，向各参演人员配发通信设备。

5）宣传报道组（Media）：可邀请媒体人员参与，主要负责演练时的摄影摄像及新闻报道，并可直接向现场救援指挥人员提问以检验其应对媒体的能力。

6）医疗救护组（Medical）：派遣救护车，设立医疗救护站，开展现场急救，做好参演人员的医护保障工作。

（3）评估小组（Evaluation Team）。

按场景设置，一个场景一人，或由各部门各派遣一人，主要负责演练的评估。

1）对演练的计划、内容、设计、实施等方面进行评估。

2）对各参演单位的沟通、协同作战能力进行评估，而非战术层面。

评估人员可使用各种评估工具及方法，如提问、采访、热反馈、小结、自我评估表等。

评估结果将作为成果用于指导今后工作。

（四）灾情设定

此次演练场景设定为由强台风登陆而导致的化工区内各类严重灾害。为防止事态进一步恶化，化工区应急响应中心第一时间向市应急响应中心发出求救信号，主要处置化工区内各类生化污染、火灾及人员救助。

1. 场景一：实战演练，科思创

化工厂卸料区一槽车装卸时因驾驶员误操作导致金属管拉断产生静电点燃丙酮蒸气，火势向南侧储罐区蔓延。

2. 场景二：实战演练，巴斯夫

受强台风侵袭，一化工装置剧烈摇晃导致进料管线被拉断，大量可燃气体泄漏，形成爆炸蒸汽云，遇火星爆炸，有人员受伤（骨折）。

3. 场景三：实战演练，孚宝

雨天路滑，一辆满载危险化学品的槽车遭到一中巴车追尾，槽车后部卸料阀被撞坏，大量有毒液体泄漏，有人员被困。

4. 场景四：指挥部推演

受强台风影响，船舶停靠化工区码头时受损，大量有毒液体倾泻至水体并伴有油料泄漏，造成海水污染，周边水源遭受生化污染，需进行水质净化。

5. 场景五：指挥部推演

一辆液氯槽车与一辆 LPG 车在州工路与天华路交叉路口相撞，导致泄漏，大量有毒蒸汽随着东南风向北蔓延，威胁化工区北部 20 万居民，情况十分危急。

（五）场地部署

1. 人员集结点

参演人员在集结点集合，等待演练指令。

2. 现场指挥中心

现场指挥中心设于化工区应急响应中心内。

3. 现场指挥部

根据各灾害事故现场情况确定现场总指挥部位置。

4. 场景地点

各场景地点分布于化工区内。

（六）演练安全

1. 安全要则

（1）所有参演车辆及人员在现场指挥部的统一指挥下，严格按照应急预案和演练程序开展行动。

（2）每个场景现场安全由一名领导小组副组长负责。

（3）安全监护组对现场行动安全进行监护。

（4）场景现场均有医护人员负责人员救护。

（5）应严格按照操作规程操作装备，注意使用安全。

（6）现场做好安全警戒，严禁不相关人员进入。

（7）严禁携带发火工具进入危险区域。

（8）必须按照实战要求做好个人防护。

（9）现场必须设立洗消点，车辆、人员必须经过洗消后归队。

2. 应急措施

一旦有人员在演练中受伤，应立即使用无线通信设备向上级报告，安全监护组、医疗救护组及时采取行动对其进行救助。

3. 人员标识

参演人员通过穿着不同颜色的背心区别不同的角色，增强辨识度并利于人员管理。

	组长、副组长
	组员
	现场指挥
	医疗救护
	新闻媒体
	评估小组
	参演人员
	观摩人员

（七）观摩人员

观摩人员一般由现场相关人员负责带队解说，在指定区域实地观摩演练。观摩人员主要包括中欧应急管理合作项目中欧双方专家、本市各区县参演单位同人、其他省市应急管理相关人员等。

（八）总结反馈

每日演练结束后，各组员及参演单位内部对当天演练情况及时进行现场热反馈。

领导小组组长、副组长、组员、媒体、评估小组成员及各灾害事故现场指挥长每晚对当天演练情况进行小结，并对下一步演练方案进行完善与调整。观摩人员可与会。

（九）时间表

时间	安排
2016 年 5 月 11 日	● 9:30—11:00 演练准备，事故场景布置 ● 14:00—17:00 欧盟公民保护团队演练正式启动 模拟欧盟公民保护团队，在欧盟应急响应协调中心（由演练指导人员负责模拟）召开第一次情况通报，进行有关信息上报 欧盟公民保护团队与××方面有关领导模拟第一次正式会见
2016 年 5 月 12 日	● 8:10—8:45 欧盟公民保护团队集合，前往化工区应急响应中心了解灾情；欧盟评估人员随同开展评估 ● 9:30—10:15 演练（场景一）（领导观摩） 10:25—11:10 演练（场景二） 11:20—12:05 演练（场景三） ● 13:30—16:00 演练（场景四） 演练（场景五） 事故处置情况新闻发布会

续前表

时间	安排
2016年5月13日	● 9:30—11:30 演练热反馈 ● 14:00—16:00 演练点评及闭幕式

第四节　演练综合保障示例——重大动物疫情应对交互式桌面演练的准备

重大动物疫情应对交互式桌面演练是在国家行政学院模拟演练大厅举行的，演练对象是某单位新任局处级干部。其演练前准备主要包括演练保障、演练前实施准备会和预演练三个环节。

一、演练保障

重大动物疫情应对交互式桌面演练的演练保障主要包括人员保障、场地保障、物资和器材保障及通信保障。

（一）人员保障

为保障演练的成功举行，该次交互式桌面演练的参与者包括催化师、演练人员、导调人员、评估人员、观摩人员等。其中，催化师、导调人员由国家行政学院的演练课程开发教师担任，演练人员、评估人员由学员组成。另外，为保障演练的顺利进行，课程开发团队还从农业部聘请了相关专家参与其中。

（二）场地保障

演练的实施地点在国家行政学院情景模拟教室。演练共使用了两间教室和一个中控室，两间教室一间为模拟演练大厅，另一间为媒体发布模拟室，模拟演练大厅和媒体发布模拟室之间实现了相互可视。

（三）物资和器材保障

为顺利开展应急演练，该次演练在演练实施前 1～2 天就准备好了各项演练指导资料和演练必需物品。

（1）演练所需的纸质资料，包括演练师所用的演练资料包、导调人员所用的演练资料包、评估人员所用的演练资料包等。

（2）演练所需的器材设备，包括电脑、投影机、摄像机、打印机、扩音设备、文具用品、桌签、马甲等，并提前对相关电子设备进行调试，保证演练时安全可用。在调试设备时发现了一系列问题，如有的电脑输入法不能用、打印机不能实现共享等，通过提前调试消除了这些故障，保证了演练的顺利进行。

（四）通信设备

该次演练使用了大量的通信设备，包括固定电话、移动电话等。通信设备是该次演练成功的重要保障。为保障演练顺利举行，组织者提前对通信设备进行了调试、测试。由于该次演练使用了大量无绳电话，组织者提前对所有电话进行调试并充电，保证电量能够满足演练要求。

二、演练前实施准备会

为保证演练顺利进行，组织者在演练前两天召开一次演练前实施准备会，一方面，促使组织者明确演练职责分工，修订具体的教学目标和方案；另一方面，帮助组织者进一步熟悉演练场景、演练脚本、演练流程等。会议主要包括以下方面的内容：

（1）进一步丰富和优化演练信息。通过会议对信息进行进一步优化，删掉一些同演练目标不一致的信息，并且根据演练场景和要求补充部分新的信息。

（2）规范和梳理演练流程。进一步梳理演练流程，特别是梳理指挥部演练和新闻发布会的衔接。

（3）完善演练准备。进一步细化、明确演练要准备的材料、设备等。

(4) 进一步细化职责分工。

三、预演练

该次交互式桌面演练的预演练是在正式演练前一天进行的，进行预演练的目的是让参演人员进一步熟悉演练流程，检验演练脚本和演练设备。

(一) 预演练参加人员

演练组织者、演练保障人员、部分邀请的教师（模拟参演人员）。

(二) 预演练场所

演练大厅，现场布置如下图：

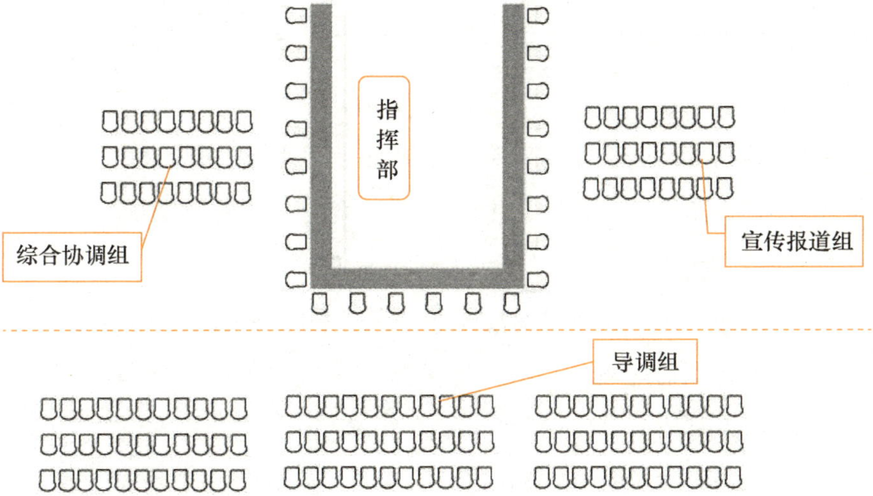

(三) 预演练流程

1. 预演练前的准备

(1) 印制必需的纸质材料，包括参演者手册、评估手册、背景材料、空白信息条、脚本等。

(2) 将电子信息导入电脑。本次演练，综合协调组和宣传报道组需要向指挥部提交综合信息报告和网络舆情报告，这两个报告会同时显示在前方大屏幕上，因此有必要提前在演练人员操作的电脑上准备好两个报告的空白版。另外，还要导入课件、视频、电子地图等，并对大屏幕进行分屏。

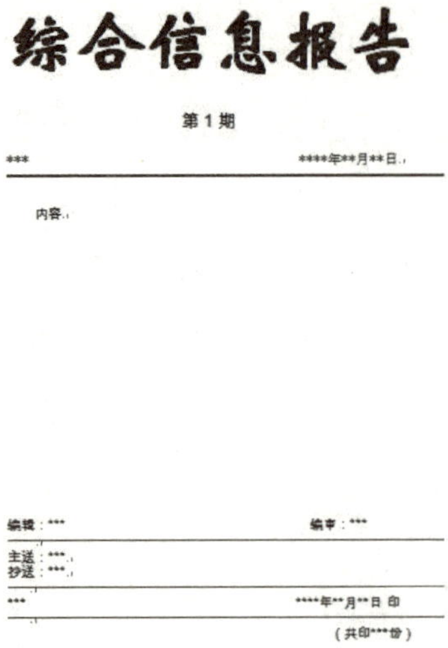

综合信息报告

第1期

*** ****年**月**日

内容：

编辑：*** 编审：***

主送：***

抄送：***

*** ****年**月**日 印

（共印***份）

网络舆情报告

第1期

*** ****年**月**日

内容：

编辑：*** 编审：***

主送：***

抄送：***

*** ****年**月**日 印

（共印***份）

（3）对电话、电脑、摄像头、大屏幕进行调试，确保可用。

（4）准备其他材料，如马甲、地图、笔、本、图钉等。

2. 实施流程

（1）演练主持人介绍演练要求、演练范围、演练目的等。

（2）播放背景视频，介绍初始场景。

（3）演练开始。

1）导调人员发演练信息。

2）召开指挥部会议。

3）指挥部同上级连线。

4）新闻发布会。

（4）评估。

（5）主持人总结。

主要参考文献

［1］国务院应急管理办公室．突发事件应急演练指南．2009.

［2］赵勇，高玉峰．美国国土安全演习与评价计划．北京：地震出版社，2012.

［3］李雪峰，等．应急管理演练式培训．北京：国家行政学院出版社，2013.

［4］夏宝成，张小兵，王慧彦．突发事件应急演习与演习设计．北京：当代中国出版社，2011.

［5］北京市应急管理办公室．北京市突发事件应急演练实施指南．2012.

［6］中国地震局．地震应急演练指南．2011.

［7］王如意．突发事件应急演练与处置对策．天津：天津人民出版社，2011.

［8］国家行政学院．中欧全景式应急实战演练资料汇编．2016.

［9］BRITISH STANDARD INSTITUTE. Exercising for excellence, delivering successful business continuity management exercises, 2008.

[10] WALTER G. Green Ⅲ: exercise alternatives for training emergency management command center staffs. USA: Universal Publishers, 2000.

[11] WORLD HEALTH ORGANIZATION. Emergency exercise development. 2010.

后 记

2009年，国家应急管理人员培训基地（即后来的国家行政学院应急管理培训中心）设立伊始，就承担着国务院赋予的国家应急管理教学培训中心、政策咨询研究中心、国际交流合作中心的使命，推动应急演练事业的发展是其重要的工作内容。本书就是在这样的大背景下酝酿、成形的。

自2010年起，笔者担任中德应急管理合作项目的应急演练子项目协调人，与来自国家行政学院和若干省市行政学院的教研人员一道，开始了为期两年多的应急演练教学方法学习与研究工作。这期间，我们通过一次赴德学习和七次国内学习，系统学习了德国联邦应急管理学院的应急演练教学咨询方法，开发了一系列桌面演练课程，开展了一系列应急演练教学和应急演练方法教学活动。2013年，我们出版了《应急管理演练式培训》一书，作为此项工作的总结。

2010年至2013年，笔者作为中美应急管理合作项目的协调人，又参与了美国应急演练方法的一系列学习活动。从2011年起，我们在国内共组织三次美国专业演练师培训活动。期间的2011年年底到2012年年初，我又赴美国学习研究应急演练近半年，获得美国联邦应急管理署“专业演练师”资格证书。

在上述工作基础上，2014 年，我们成功申请到了国家“十二五”科技支撑研究项目《国家应急演练仿真服务平台及其应用示范》。在项目执行过程中，笔者负责其中的“应急演练方法与流程研究”子课题。本书正是在这一项目的直接推动下完成的。

本书与本套公共安全应急管理指南丛书的其他书一样，目的是要为应急管理界提供一套可供参照的、规范的应急演练方法。经过多年的应急演练学习、研究与咨询实践，我们不断提炼思想、修正概念，形成了本书。

本书的撰写经历了一个长期的过程，也是集体努力的成果。其基本概念与方法早在编撰《应急管理演练式培训》一书的过程中即开始酝酿。2011 年在赴美学习应急演练方法的过程中，笔者起草了本书前两部分的初稿；2014 年，安徽蚌埠行政学院饶彩霞副教授、山东行政学院张明亮副教授、中国气象干部学院段永亮副教授分别起草了本书部分初稿。此后，国家行政学院邹积亮副教授参与了本书的审订工作。笔者多次在国家行政学院、中国应急管理学会的培训班、研讨会上讲授和发表有关内容，得到学员和与会代表的各种有益反馈。应当说，本书内容目前的表述是审慎的，也是基本符合应急演练实际工作需要的。

在相当意义上，本书是中国应急演练实践探索的结果，我们要感谢应急管理实践者！本书在形成过程中也得到了学院内外许多专家的指导与启发，在此对他们表示衷心的感谢。

国家行政学院应急管理培训中心多年来在组织应急演练相关工作中积累了大量素材，有关地方和部门也积累了大量的宝贵经验，本书引用和借鉴了很多相关资料，我们向这些资料的提供者表示衷心的感谢。

当然，限于笔者能力水平和实践上的局限性，本书不会是完美无缺的，不足之处还请方家批评指正。

李雪峰

2018 年 2 月于国家行政学院

图书在版编目（CIP）数据

应急演练准备指南/李雪峰主编. —北京：中国人民大学出版社，2018.4
（公共安全应急管理指南丛书）
ISBN 978-7-300-25277-3

Ⅰ.①应… Ⅱ.①李… Ⅲ.①突发事件-处理-研究-中国-指南… Ⅳ.①D63-62

中国版本图书馆 CIP 数据核字（2017）第 314691 号

公共安全应急管理指南丛书
应急演练准备指南
李雪峰　主编
Yingji Yanlian Zhunbei Zhinan

出版发行	中国人民大学出版社		
社　　址	北京中关村大街 31 号	**邮政编码**	100080
电　　话	010－62511242（总编室）		010－62511770（质管部）
	010－82501766（邮购部）		010－62514148（门市部）
	010－62515195（发行公司）		010－62515275（盗版举报）
网　　址	http://www.crup.com.cn		
	http://www.ttrnet.com（人大教研网）		
经　　销	新华书店		
印　　刷	天津中印联印务有限公司		
规　　格	170 mm×240 mm　16 开本	**版　　次**	2018 年 4 月第 1 版
印　　张	9.75	**印　　次**	2020 年 6 月第 2 次印刷
字　　数	127 000	**定　　价**	38.00 元